广视角·全方位·多品种

权威·前沿·原创

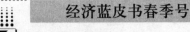

经济蓝皮书春季号

BLUE BOOK
OF CHINA'S ECONOMY (SPRING)

中国经济前景分析
——2011年春季报告

ANALYSIS ON THE PROSPECT
OF CHINA'S ECONOMY (2011)

主 编／陈佳贵 李 扬
副主编／刘树成 汪同三

社会科学文献出版社
SOCIAL SCIENCES ACADEMIC PRESS (CHINA)

法律声明

　　"皮书系列"（含蓝皮书、绿皮书、黄皮书）为社会科学文献出版社按年份出版的品牌图书。社会科学文献出版社拥有该系列图书的专有出版权和网络传播权，其 LOGO（▓）与"经济蓝皮书"、"社会蓝皮书"等皮书名称已在中华人民共和国工商行政管理总局商标局登记注册，社会科学文献出版社合法拥有其商标专用权，任何复制、模仿或以其他方式侵害（▓）和"经济蓝皮书"、"社会蓝皮书"等皮书名称商标专有权及其外观设计的行为均属于侵权行为，社会科学文献出版社将采取法律手段追究其法律责任，维护合法权益。

　　欢迎社会各界人士对侵犯社会科学文献出版社上述权利的违法行为进行举报。电话：010－59367121。

社会科学文献出版社

法律顾问：北京市大成律师事务所

经济蓝皮书春季号编委会

主　　编　陈佳贵　李　扬

副　主　编　刘树成　汪同三

编辑组组长　李雪松

副　组　长　彭　战

成　　员　韩胜军　张　杰　万莉华　曹曼株

主要编撰者简介

陈佳贵　中国社会科学院经济学部主任、研究员，长期从事中国经济研究，代表作包括《现代大中型企业的经营与发展》、《经济改革与发展中的若干重大问题研究》、《经济改革与经济发展战略》。

李　扬　中国社会科学院副院长、研究员，长期从事中国经济相关研究，领域涉及货币、银行、金融市场等，专著《财政补贴经济分析》获 1990 年孙冶方经济科学奖著作奖。其他代表作还有《中国金融改革研究》、《金融全球化研究》等。

刘树成　中国社会科学院经济学部副主任、研究员，长期从事经济周期理论研究，著有《中国经济的周期波动》、《中国经济周期波动的新阶段》、《繁荣与稳定——中国经济波动研究》等。

汪同三　中国社会科学院数量经济与技术经济研究所所长、研究员，长期从事经济模型理论、方法论及其在经济预测和政策分析方面的研究工作，著有《技术进步与产业结构》、《产业政策与经济增长》、《宏观经济模型论述》等。

摘　　要

2010 年中国经济表现平稳，呈现增长趋稳、就业增加、结构改善的特征，全年国内生产总值比上年增长 10.3%。尽管 2011 年经济发展中的不确定因素仍然较多，但国际环境总的趋势和潮流没有改变，中国经济仍处于大有可为的重要战略机遇期。我国仍处于工业化、信息化、城镇化、市场化、国际化深入发展阶段，发展空间还很大，整体经济呈现长期向好的趋势，但经济发展中不平衡、不协调、不可持续的问题依然较多，因此面对通货膨胀及房价压力，政府需要采取一系列政策措施加以调控，预计 2011 年我国 GDP 增长速度为 9.6% 左右，增速比上年有所回落。

当前既要处理好稳定经济增长速度与抑制通胀的关系，也要处理好稳定经济增长速度与调整经济结构的关系。抑制通货膨胀，是当前宏观调控的首要任务，确保粮食生产稳定在较高水平和增加农业生产经营者的收入仍是农业和农村工作要实现的首要目标。2011 年国家将调整产业结构、促进工业的转型升级作为工业经济调控政策的重点，中国工业可能进入中速增长阶段。全年财政政策的目标主要不是保增长，而是防通胀，同时还要防止以收入分配矛盾为代表的各种社会矛盾尖锐化。资本市场运行将受物价等因素波动影响，一方面物价上涨及负利率有利于资源类股价的上涨，但另一方面物价的上行会导致金融政策的收缩，对股价走势产生抑制作用。当前我国就业形势复杂，在出现"民工荒"的同时，大学生就业难的问题依然存在。中国人口城镇化水平不断提高，使我国建筑能耗总量呈持续增长态势，经济的低碳化转型压力凸显。

2010 年我国贸易顺差继续下降，但对外贸易依然继续发展。在全球跨国直接投资实现恢复性增长的过程中，我国吸引外商直接投资远高于全球增速。尽管国际金融危机的冲击和影响深远，世界经济格局也在发生深刻变化，日本大地震，北非、西亚一些国家的乱象以及部分欧洲国家债务危机加剧等，增加了各种不确定因素，但中国在国际经济中的地位不断增强，进出口贸易在世界市场中份额的增加不可逆转。

Abstract

In 2010, China's economy performed stable, showed features of steady growth, employment increased, and structure improved. The GDP made 10.3% increase than the last year. Although there are still several uncertain factors of economic development in 2011, China's economy is still in the most important period of strategic opportunities under the international environmental trends unchanged. At the same time, our country is still in the processes industrialization, informationization, urbanization, marketization, and a stage of in-depth developing internationalization. There are still much space for development, and the trend of the overall economy appears to be good in the long-term. As problems of unbalanced, uncoordinated and unsustainable development in our country, the government should take a series of policies to regulate and control the economy under the pressure of inflation and high housing prices. It is expected that the growth rate of China's GDP will decline than the last year, around 9.6% in 2011.

The current situation is to deal with the relationship of stable economic growth rate and inflation, handle the relationship of stable economic growth rate and the adjustment of economic structure. The current macro-control primary task is to curb inflation, and the primary goal of agricultural and rural work is still to ensure food production stable at high levels and increase farmers' income about agricultural production. In 2011, China will put emphasis up on the adjustment of industrial structure and industrial transformation upgrading in the industrial economic regulate and control policies, and China's industrial will grow in medium speed. The annual fiscal policy goals this year will not ensure growth, but prevent inflation and various social conflicts, such as contradictions of income distribution and so on. Capital market operation will be influenced by price and other factors. On the one hand, rising prices and negative interest rate may have positive impact on rising share prices of resources. On the other hand, rising prices may result in financial policy contracted, and have a inhibiting effect on the stock price. Current employment situation of our country is complicated. There are still problems of Labor Shortage and college students' unemployment. Impacts of improving China's urbanization level are making the Building Energy Consumption sustainable growth, and highlighting the pressure of economic low carbonized transformation.

China's trade surplus continued decreasing in 2010, but the foreign trade was still developing. In the process of restorative growth of global multinational direct investment, China attracts more foreign direct investment than any other countries. Although the impact and influence of the international financial crisis is far-reaching, the global economy is undergoing profound changes, the disaster of Japanese earthquake, some disorder of north Africa, west Asia countries, and national debt crisis of some European countries increases various uncertainties, the status of China is growing in the international economy, and it will make irreversible growth in China's import and export trade in the world market.

目 录

皮书数据库阅读**使用指南**

CONTENTS

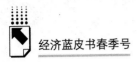

处理好稳定经济增长速度、抑制通货膨胀与调整经济结构的关系（代前言一）

陈佳贵

2011 年是我国实施"十二五"规划的开局之年，面临许多复杂因素。根据当前的国内外经济形势，要顺利实现 2011 年的各项经济目标，为全面实现"十二五"规划打好扎实的基础，保持我国经济的良好发展势头，必须处理好稳定经济增长速度、抑制通货膨胀与调整经济结构的关系。

把抑制通货膨胀作为当前
宏观调控的首要任务

自 2010 年 5 月以后，我国的物价总水平在一路走高，CPI在 10 月达到 4.9%，11 月达到 5.1%，12 月达到 4.6%，全年达到 3.3%；PPI 也逐季走高，上升的压力越来越大。2011 年1 月，CPI 达到 4.9%，2 月虽然与 1 月持平，但是造成通胀压力增加的诸多因素并没有减少，有些因素的作用还在加强。由此可以推断，2011 年，通胀压力有可能继续增强，如果不采取有力措施以抑制通货膨胀，全年 CPI 有可能超过 4% 的预期目标。

造成通胀压力增大的原因很多。

第一，流动性过剩。金融危机之前，由于我国大量贸易顺差的出现，货币发行增速加快，流动性过剩的问题已经在逐渐积聚。从 2008 年第四季度开始，为了应对国际金融危机的冲击，我国出台了适度宽松的货币政策。2009 年，按照这一原则，贷款只需要增加 5 万亿元，结果增加了 9.69 万亿元，多增加了 4.69 万亿元，几乎翻了一番；2010 年，贷款可以在 5 万亿元的基础上增长 16%，即 5.8 万亿元，但是预期目标是 7.5 万亿元，比正常规模高出 1.7 万亿元，实际达到 8 万多亿元。换句话说，2009 年和 2010 年，我国实际执行的不是适度宽松的货币政策，而是过度宽松和宽松的货币政策。从 2010 年第四季度开始，我国把适度宽松的货币政策调整为稳健的货币政策，从实际执行看是在逐步收紧银根，但是这一目标很难一蹴而就。2011 年 1 ~ 2 月，商业银行贷款规模分别增长 17.7% 和 17.9%，虽然比 2009 年和 2010 年同期有所下降，但还是超过预期。前几年多发行的货币和大规模信贷资金需要很多年才能消化。美国实行量化宽松的货币政策对我国也造成很大影响。今后几年，流动性过剩始终是造成通胀压力的主要因素。

第二，经济增长速度偏快。许多经济学家都认为，我国现阶段潜在的经济增长率在 9% 左右，因此，"十二五"规划中我国经济增长预期目标为 7%，在年度计划中把经济增长预期目标定为 8%。这是有科学根据的、实事求是的，是经过各方面广泛讨论和人民代表大会通过的。我国 2003～2010 年的 8 年中，GDP 的增速有 6 年在 10% 以上，"十一五"期间平均增长速度达到 11.2%。长期的经济高速增长必然推动物价上升。

第三，我国农业基础不稳固。长期以来特别是"十五"以来，我国采取了不少刺激农业增产、农民增收的措施，特别是取消农业税和对种粮农民实行多种补贴激发了农民种粮的积极性，短期效果也不错。但是，我国农业的基础设施薄弱，特别是国家对水利设施投入不足，农业的抗灾害能力差，总体上还没有摆脱靠天吃饭的状态；农业科技、农田管理等也很落后，现代化水平低；户均耕地少，规模经济差；大量青壮劳动力进入城市打工，农业劳动力素质低；农业与其他行业比，比较收益差。加上我国人口多，且一直还在不断地增长，因此长期以来我国粮食等主要农产品都处于紧平衡状态，稍有波动就影响供给，使主要农产品价格一直呈上升的趋势。今后这种趋势还将长期继续下去。

第四，成本上升。首先是工资成本的上升，近两年工资上涨较快，加上社保基金征收面的扩大，造成企业的工资性支出增加。其次是能源、原材料价格的上升。石油价格每年以 10% 以上的速度上升，铁矿石、棉花等价格上涨更快，推动了下游产品的上涨；工业品价格的上涨推动了农产品价格的上涨；再次是土地价格的上涨，这不仅直接推动房地产价格的上涨，而且也造成居民支出的增加。此外，资源性产品的价格改革、环境成本的上升以及其他要素价格上涨，也在推动产品成本和服务价格的上升。

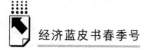

第五，输入性价格上涨。近些年来，国际上一些大宗商品的价格上涨较快。我国能源和一些基础性原材料对国际市场的依存度已经很高，石油、铁矿石等都超过50%。随着世界经济的逐步复苏，经济增长对能源、铁矿石、棉花等大宗商品的需求在增加，价格在大幅度上升。2010年我国原油、铁矿石、塑料、铜、成品油和大豆等大宗商品的进口量增加并不多，但是由于价格增长幅度很大，企业支出大幅增加，这也是推动工业品价格上涨的重要因素。近年来，国际上粮食、油料等农产品价格也呈上涨趋势，而我国的大豆、油料进口量很大，直接推动CPI的走高。

上述五种因素存在紧密的联系，但是它们作用的大小是不相同的。有些人认为，当前的价格上涨属成本推动型，因此采取紧缩政策无效。这种看法值得商榷。在我看来，在上述五种因素中，前三种起的作用更大，特别是经济增长速度过快是主要作用。因此，除增加农产品供给、适当收紧流动性外，一定要控制好经济增长速度。

处理好稳定经济增长速度与抑制通胀的关系

经济增长速度过快，需求旺盛，必然促使价格上升，形成通胀压力，甚至出现严重通货膨胀。相反，如果我们把经济增长速度控制在一定范围内，需求较平稳，成本就会得到控制。道理很简单，增长速度得到控制，劳动力、能源、原材料的需求就会减少，价格自然就会下降。历史数据提供了佐证。

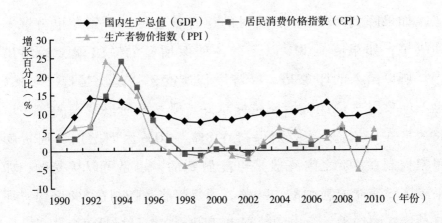

1990～2010 年我国价格指数与 GDP 增速比较图

1990～2010 年的 21 年间，有 10 年 GDP 的增长率在 10%
以下。在这 10 个年份中，只有 3 年的 CPI 在 3% 以上，其中
1990 年 GDP 增长 3.8%，CPI 上涨 3.1%；1991 年 GDP 增长
9.2%，CPI 上涨 3.4%；2008 年 GDP 增长 9.6%，CPI 上升
5.9%；其余 7 年 CPI 的上涨率都在 3% 以下。相反，在 GDP
增速超过 10% 的 11 年中，只有 3 年 CPI 的上涨率在 3% 以下，
其余 8 年都在 3% 以上。尤其是 1992～1995 年，GDP 超常增
长，在 11%～15%，CPI 也进入 6%～25% 的区间。PPI 的上
升率与 GDP 的增长率也存在类似关系。

既然我国"十二五"规划把经济增长的预期目标定为
7%，年度预期目标定为 8%，我们姑且把它们作为最低增长
目标，由此可以认为，8%～9% 是最优，9%～10% 是次优，
经济增长速度超过 10% 可以看做出现过热的苗头。上述数据
也证明了这个判断。但是，在现实生活中，我国经济增长率如
果降到 10% 以下，肯定有一些人出来反对，说发展速度太慢

了；如果降到9%以下，反对的声音就会更多，领导也就沉不住气了；如果降到8%以下，各种保增长的政策就会纷纷出台。所以给人的印象是，经济增长速度还是越快越好。当然，也不能反过来说经济增速越慢越好。既然现阶段我国的潜在增长速度在9%左右，只要保持在8%～10%区间之内，通货膨胀率控制在4%之内一般是可能做到的，也是可以接受的；如果经济增速能控制在8%～9%，通货膨胀率控制在3%之内，那就是最好的结果。历史的数据也证明，这个目标是最理想的。

主张经济增长速度要快的人列举的理由很多，最主要的理由是就业压力大。我国人口多，从一般意义上讲，这是有道理的。但是，考虑就业压力，不仅要看人口总量，还要看人口的构成，看经济总量和产业结构。由于我国长期实行计划生育政策，人口的自然增长率一直很低，人口老龄化的现象十分严重，无论按照哪种标准衡量，我国都已经进入老年社会，进入就业年龄的人口数量在大量减少。有关资料显示，近些年，我国进入劳动年龄人口的数量每年减少500万左右，且趋势还在进一步发展。近两年"招工难"正在由东部沿海省份向中、西部省份发展。2011年初沿海省份的"民工荒"更加严重，一些企业提高工资也招不到人。这种状况一方面是由劳动力供给减少造成的，另一方面也是由于我国的产业结构以劳动密集型为主而引发的。当前把经济增长速度控制在9%左右并不会引起大量失业人口的增加。

控制经济增长速度会不会引起滞胀？这是有的人关心的另一个问题。我认为，2011年我国经济不会出现滞胀，"十二五"期间出现滞涨的可能性也不大。但是，由于我国长期实行独生子女政策，老龄人口急剧增加，劳动力供给逐步减少，工资福利大幅度增加，人口红利在逐步消失。不少学者预测，如果现行的独生子女政策不改变，到2020年前后，我国将进入高工资、低增长时期。这应该引起我们高度重视。如果我们不从现在起就着手调整计划生育政策，而要到实现工业化和城市化后再鼓励生育，其实行起来估计比现在的计划生育还要困难得多。

处理好稳定经济增长速度与调整经济结构的关系

经济结构调整包含丰富的内容，它既包括国民收入分配结构的调整，也包括投资和消费结构的调整；既包括第一、二、三产业结构的调整，也包括各产业内部结构和产业组织结构的调整；既包括区域结构的调整，也包括城乡二元结构的调整；既包括所有制结构的调整，也包括国有经济的战略调整。

经济增长速度与调整经济结构有共同点，又存在着某些矛盾。它们的共同目标都是为了使国民经济保持平稳较快的发展，促进经济发展方式的转变，但是两者的侧重点又有所不同。经济增长关注的是短期目标，是一种战术性措施；调结构关注的是长远目标，是一种战略性举措。有时它们之间存在某些矛盾。以经济增长速度与产业结构调整的关系为例，经济增长速度快一些，有利于就业，有利于增加财政收入；但是如果经济增长速度过快，各方面的需求旺盛，不仅落后企业、落后产能得不到淘汰，还会刺激它们发展，就加重了产业结构调整的困难。比如，2008 年之前，我国某些行业就存在产能过剩、产业组织结构不合理等严重问题。国际金融危机发生后，这本来是我们调整产业结构的好时机，但是为防止我国经济的大幅度下滑，政府不得不出台积极的财政政策和适度宽松的货币政策，且在实际执行中又把适度宽松的货币政策变成了过度宽松和宽松的货币政策。结果，经济增长速度是保住了，但是错过了调整产业结构的好时机，落后企业和落后产能、产业组织结构不仅没有得到有效调整，反而有所恶化。又比如，2008 年之前，我们就提出不要过度依靠投资来拉动经济增长。但是2009 年，由于增加了政府投资，当年投资对经济增长的贡献率超过93%，创最高水平。

因此，我们必须处理好控制经济增长速度与调整经济结构的关系，把两者紧密结合起来进行。我们出台的宏观经济政策和实际工作部署，决不能为了保年度的高增长速度而忽视经济结构的调整，推迟结构调整的进程；更不能为了保年度的高增长速度而进一步恶化经济结构，增加今后结构调整的难度。我们应该适当控制年度经济增长速度，使其不要超出预期目标太多，为促进经济结构调整保持良好的宏观环境。

2011 年 3 月 15 日

转变经济发展方式是抓住
战略机遇期的关键
（代前言二）

李　扬

在《十二五规划建议》（以下简称《建议》）的开篇，有一段对"十二五"时期我国经济社会发展的国内外环境的表述："当前和今后一个时期，世情、国情继续发生深刻变化，我国经济社会发展呈现新的阶段性特征。综合判断国际国内形势，我国发展仍处于可以大有作为的重要战略机遇期。"深入理解这一判断，是全面领会、认真落实《建议》的基础和出发点。

"战略机遇期"的概念，作为着眼于历史进程的大判断，最早见诸于 2002 年 11 月党的十六大报告。在我看来，所谓"战略机遇期"，主要指的是存在着三个重要的基础性条件，使得我国社会经济得以在较长时期中保持平稳较快发展的势头。其一，在国内，改革开放使我国经历了一段高储蓄、高投资、高增长、高出口、高国际储备、相对较低的通货膨胀同时并存的黄金发展期。如今这种增长格局依然有望延续。其二，国际上和平、发展、合作仍是时代潮流。在可预见的一段时期中，还看不到会发生针对我国或者对我国产生重大影响的国际动荡。因此，我们可以一心一意谋发展，聚精会神搞建设。其三，就中国与世界的关系而言，30 余年前确定的对外开放基本国策，早已明确了中国融入全球经济的基本方向；加入 WTO 以后，中国以更积极、主动的姿态融入了新一轮全球化浪潮之中。虽然此轮全球化依然由发达经济体发动并主导，但中国仍从中获得了较为有利的发展环境并逐步提高了自己在国际社会中的地位。

全球经济失衡是变革的契机

以 2007 年发端于美国的全球金融危机为标志，全球经济发展进入了一个新的时期。这个时期的基本趋势就是，完全以发达经济体主导的全球化旧格局已渐入迟暮；在未来的全球发展中，广大新兴市场国家可望逐渐发挥重要的作用。

全球经济旧格局，指的就是以美国贸易顺差和对外负债愈演愈烈为基本特征的全球经济失衡。在亚洲金融危机之前，基于全球经济旧格局之上的全球失衡，其在规模上不甚显著，而且保持在稳定且可调整的范围之内。亚洲金融危机之后，随着以中国为首的广大新兴市场国家的崛起，发达经济体特别是美国的国际收支差额日趋扩大，失衡呈恶化之势。为平衡缺口，"核心国家"日益依赖各种金融服务乃至径直用国际储备货币来与以新兴市场国家为主体的"外围国家"的实体产品相交换。这进一步形成了发达经济体成为债务人、广大新兴市场国家成为债权人的畸形格局。

发达经济体经济发展方式的弊端早已彰显，但是，在一个相当长时期中，它得以持续并有所发展。这主要归因于不合理的国际经济制度和国际货币制度。依托这一制度，发达经济体的债务负担得以向广大新兴经济体转移。这种趋势的恶化，进一步造成了巨额资本跨境流动和汇率的波动不居。在由此造成的国际争端中，广大新兴市场国家处于被质疑、被教训和被要求调整改革的地位上。更有甚者，高顺差和储备资产快速积累，在新兴市场国家内还引致国内货币供应持续扩张并形成日趋严重的通货膨胀压力。如今全球经济呈现发达经济体普遍通货紧缩而新兴市场国家则普遍通货膨胀的不对称恢复格局，正是上述旧的世界经济格局合乎逻辑的恶果。

危机可能成为世界经济格局的转折点

此次全球金融危机很可能会成为走向世界经济新格局的一个转折点。得出这一判断，主要基于以下两个层面的观察。

第一个层面在实体经济领域中。自20世纪80年代末期以来，新兴经济体在全球产出的增量贡献中，一直超过发达经济体。危机以后，发达经济体的长期低迷和新兴经济体的持续增长，更成为不可逆转的长期趋势。在这个此盈彼缩的历史过程中，新兴市场国家将逐渐发挥引领全球发展的作用，并持续冲击完全由发达经济体主导的旧的全球化模式。

另一个可能预示世界经济格局转折的趋势发生在金融领域。资本主义式的全球经济危机总有金融危机相伴随。而历来的全球性金融危机，大都少不了发展中国家和新兴市场国家的债务危机。因此，危机的恢复便意味着全球性债务重组，而每一次重组，均使得发达经济体在国际经济和金融领域中的核心地位进一步巩固和强化。这一次完全不同。如今深陷债务危机中难以自拔的，是那些掌握着国际储备货币发行权和国际规则制定权的发达经济体。它们被自己呼唤出的恶魔缠身，非有新兴经济体的援手不能解脱，于是就有了 G20 之类的新的国际协调机制的产生。我们认为，此次危机的恢复进程也一定需要进行债务重组，而重组的对象是发达经济体。这样一种重组，其结果是可以有利于广大新兴市场国家的。

结论很显然，危机的恢复将全面提升新兴经济体在国际经济和国际金融领域中的话语权和影响力，促使国际储备货币体系向着多元化方向进一步发展。毫无疑问，在这样的背景下，中国作为世界上最主要的新兴市场国家，将进一步获得有利的发展地位。这对于中国来说，当然意味着千载难逢的战略机遇。

但是也应清醒地看到，虽然中国总体上面临着有利的发展机遇，但同时也面临严峻的挑战。这种挑战与中国在当前全球经济事务中的地位有关。在当今的国际事务中，中国的角色特殊且多重。一方面，中国是现行国际经济格局和秩序的受益者，例如，现行的国际分工格局、自由贸易、资本管制的放松、美元地位的稳定，等等，总体上有利于我国经济的发展。这意味着，我国过去几十年的发展，事实上正是在对上述由发达经济体主导的旧的世界经济格局高度依赖的条件下实现的。

另一方面，由于我国经济发展迅速，诉求在不断增加，我们又是最迫切希望对现行国际经济和金融秩序进行改革的国家。这意味着，我们必须痛下决心转变经济发展方式，克服经济发展的不协调、不平衡和不可持续性，走出一条科学发展的新路。

发展方式转型是抓住战略机遇期的关键

由于经济是全球化的，发达经济体的恢复调整和新兴市场国家的经济恢复调整，必然是密切关联的。因此，为了恢复全球经济，世界各国必须密切合作。发达经济体为了恢复经济增长，必须对其经济发展方式、经济结构、金融结构、财政状况进行深刻而痛苦的调整；广大新兴经济体为了保持增长的势头，也须在上述方面进行相应调整。

如果说，以美国为首的发达经济体的经济恢复还需很长时间，那么，包括我国在内的新兴经济体的转型同样也不可能一蹴而就。在这个意义上，能否抓住战略机遇期，根本上取决于我们能否比发达经济体下更大的决心，以更快的速度和更高的质量实现国内经济的转型。因此，贯彻落实科学发展观，实现经济发展方式转变，是抓住战略机遇期的关键。

当下，中国仍处于可以大有作为的重要战略机遇期。"战略机遇期"三个重要的基础性条件，使得我国社会经济得以在较长时期中保持平稳较快发展的势头。

第一，在国内，改革开放基本国策的实施，使我国有了长达 32 年的高储蓄、高投资、高增长、高出口、高国际储备、相对较低的通货膨胀同时并存且基本内洽的千载难逢的黄金发展期。如今，支撑这种发展格局延续的基本因素依然存在。第二，在国际上，和平、发展、合作仍是时代的主流。至少在可预见的相当长时期中，还看不到会发生针对我国或者对我国产生重大影响的国际动荡。这样，我们可以一心一意谋发展，聚精会神搞建设。第三，就中国与世界的关系而言，30余年前确定的对外开放基本国策，早已明确了中国融入全球经济的基本方向；加入WTO以后，中国更以积极、主动的姿态融入了新一轮全球化浪潮之中。因此，虽然此轮全球化依然由发达经济体发动并由其主导，中国仍从中获得了较为有利的发展环境并逐步提高了自己在国际社会中的地位。

推进经济发展方式转型的四个重点

关于中国经济结构调整，理论界有很多探讨，这些都十分重要。在我看来，如果从危机中汲取教训，则要着眼于全球发展，立足于提升中国在世界经济和金融体系中的地位。为此，建设创新型国家，大力发展服务业，实行工业化、城镇化和农业现代化三化并举，积极参与国际规则的制定，这四个方面最为重要。

1. 建设创新型国家

在最根本的意义上，任何一次全球性大危机都与科技发展的周期有关。此次危机亦不例外。因此，新一轮全球的可持续发展，总是由新的科技创新及其产业化、市场化发动的。这样看来，我国经济结构调整的重点，应当注重把抓住发展机遇与创新发展理念、发展模式有机结合起来；推动我国经济结构调整和经济发展更多地依靠科技创新驱动，把发展创新型国家作为经济转型的第一要务。为此，应全面落实国家中长期科技、教育、人才规划纲要；应大力提高科技创新能力，坚持走中国特色新型工业化道路；应加快教育改革发展，发挥人才资源优势；要加快加工贸易转型升级，优化进出口结构；要提高利用外资水平，鼓励外资投向高端制造业、高技术产业、现代服务业、节能环保等领域。

2. 大力发展服务业

我国经济结构相对落后。这种状况在国内有诸多表现，在国际贸易上更为明显。我国对发达经济体的贸易总体上是顺差，但是，从结构上看，我国在产品与货物贸易上存在大规模顺差，但服务贸易则长期处于逆差。这是旧的世界经济格局的结果。正因如此，发达经济体方能居于全球生产链的高端，并依以对包括我国在内的新兴市场国家进行不平等贸易，不合理的国际经济和金融秩序才得以产生和延续。因此，加快发展服务业，构成我国抓住战略机遇期的又一重要内容。

关于发展服务业，我觉得有三个要点必须强调。一是循序渐进，不能拔苗助长；二是把重点放在金融保险、现代物流、工程咨询、信息增值、会计律师、教育培训等现代服务业上；三是切实改革现行的准入制度、税收制度、金融制度、会计制度等，为现代服务业的发展创造良好的发展环境。

在现代社会中，金融业是服务业"皇冠上的明珠"。因此，以改革的精神来推动金融业发展，是提升我国服务业水平的关键环节。从全球发展的角度来看我国的金融业发展，有一个重要领域应当强调，这就是推动人民币国际化。把推动人民币国际化纳入总体金融改革和发展的战略中并给其更为重要的位置，是因为只有推行人民币国际化，我们才能最终打破世界经济的旧格局，我国的发展才能获得稳定的国际环境。

关于人民币国际化，我们已经做出很多努力，包括推行人民币跨境结算、海外发行人民币定值债券、QFII 投资安排、与若干国家的双边本币互换、跨境双边货币互换、允许境外金融机构投资于国内银行间债券市场、发展离岸人民币市场、与贸易对手国进行本币双边贸易结算、用人民币购买国际货币基金组织债券，以及使用香港债务工具中央结算系统发行人民币国债等。下一步，我们应当采取措施，进一步提高人民币在国际储备货币中的占比，提升人民币在国际外汇市场中的活跃程度，设法提高人民币在国际贸易结算中的比重，支持人民币作为国际投资媒介发挥作用，增加人民币定值的国际债券发行，在国际援助中更多使用人民币，创造条件提高人民币在管理外汇风险中发挥更大的作用，等等。

应当特别指出，人民币国际化虽然直接涉及国际经济交往中的货币金融关系，但其深厚的基础则存在于国内。也就是说，人民币能否国际化，在多大程度上国际化，事实上取决于国内金融改革的力度和国内金融发展的水平。在这方面，大力推行利率的市场化，发展有深度、有弹性的国内金融市场特别是国内债券市场，进一步开放资本项目，以及汇率制度的弹性化和人民币可自由兑换，等等，都是推行人民币国际化的必要条件。

3. 工业化、城镇化和农业现代化"三化并举"

工业化和城镇化历来是我国经济发展的主要引擎。在新的发展阶段上，我们在继续积极推进工业化和城镇化的同时，应把更多的精力置于农业的现代化上。作为一种战略安排，我们应推行工业化、城镇化和农业现代化"三化并举"。应当看到，在落后的农业基础上，我国不可能真正实现现代化；在落后的农业基础上，城镇化可能导致城乡居民收入和地区居民收入差距进一步扩大，并进一步恶化我国的基尼系数；在落后的农业基础上，我国经济的未来发展极易陷入"中等收入陷阱"。"三化并举"的关键，在于真正做到全面、深入地推进城乡统筹发展。要消除制约城乡协调发展的体制性障碍，促进公共资源在城乡之间均衡配置，促进生产要素在城乡之间平等交换和自由流动；应统筹城乡发展规划，促进城乡基础设施、公共服务、社会管理一体化；应逐步建立城乡统一的建设用地市场，促进土地增值收益主要用于农业和农村；应加快建立城乡统一的人力资源市场，形成城乡劳动者平等就业制度等。

4. 积极参与国际规则的制定

作为全球经济和金融体系中日益重要的一员，中国显然要在国际规则的制定过程中发挥更为积极的作用。这不仅关乎中国的发展，而且关乎广大新兴市场国家的发展，关乎世界经济和金融秩序的改革。在这方面，我们应做的事情堪称千头万绪。我们认为，支持和推行 G20 机制化，加强 G20 与现有国

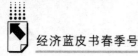

际组织的协调，使之成为我国发挥重要作用的国际平台；以积极参与对现行国际货币体系的改革、积极参与区域货币金融合作和稳步推动人民币国际化等为重点，更深入地推动国际货币体系改革；进一步推动自由贸易，反对任何形式的保护主义；深入介入诸如巴塞尔Ⅲ等国际监管规则的制定及监管合作进程；积极谨慎地处理约束各国贸易差额与GDP关系的"参考性指南"等，构成我国当前及今后一个时期参与国际规则制定过程的重点。

B.1
中国经济形势分析与预测

——2011 年春季报告

"中国经济形势分析与预测"课题组 *

摘　要：2010 年我国经济呈现增长趋稳、就业增加、结构改善的特征，全年国内生产总值比上年增长 10.3%。2011 年经济运行的基本面没有发生明显变化，我国经济仍将保持平稳较快增长。预计 2011 年我国 GDP 增长速度为 9.6% 左右，增速比上年回落 0.7 个百分点。引起通货膨胀的因素较多，来源于多种因素的综合叠加效应，主要有国际输入、需求拉动、成本推动、流通环节问题以及价格翘尾等方面的因素，但宏观经济运行仍将保持增长较快、通胀可控的态势。

关键词：宏观经济形势　通货膨胀　政策措施

2010 年我国经济呈现增长趋稳、就业增加、结构改善的特

---

* 课题顾问：刘国光、王洛林、李京文；课题总负责人：陈佳贵、李扬；执行负责人：刘树成、汪同三；执笔：李雪松、张涛、沈利生、王文波；课题组成员还有：赵京兴、李军、樊明太、李文军、张延群、娄峰等。

征。2011 年尽管经济发展中的不确定因素仍然较多，但我国经济发展长期向好的趋势没有改变。2011 年，考虑到应对通货膨胀的政策效应，预计经济增速将有所回落，但宏观经济运行总体上仍将保持增长较快、通胀可控的态势。为了实现保持经济平稳较快增长、控制通货膨胀与调整经济结构三者之间的合理平衡，把稳定物价总水平作为宏观调控的首要任务，2011 年要在继续健全逆周期宏观审慎政策框架的基础上，把握好积极财政政策与稳健货币政策的着力方向和组合力度，更加注重需求政策与供给政策的有机结合。充分利用当前继续实施积极财政政策的时机，调整和完善积极财政政策的着力方向和实施力度，积极财政政策应向保增长、惠民生、促转型、调结构的方向转变，为促进长期经济增长增添动力。稳健货币政策要把保持银行体系流动性合理适度、促进货币信贷适度增长的内币政策与完善人民币汇率形成机制、对人民币汇率浮动进行动态管理和调节的外币政策有效结合起来，在调整优化投资结构、提高投资质量的基础上促进投资平稳适度增长，防止经济出现大的波动。

本报告将在模型模拟与实证分析的基础上，预测 2011 年中国经济发展趋势，分析当前宏观经济形势及宏观经济政策走向。

一　2011 年国民经济主要指标预测

在 2010 年国际经济恢复总体好于预期、国内加强房地产调控、清理地方投融资平台以及加强节能减排工作力度等大背景下，我国经济呈现增长趋稳、就业增加、结构改善的特征，全年国内生产总值比上年增长 10.3%。分季度看，四个季度分别增长 11.9%、10.3%、9.6% 和 9.8%，第一季度曾担心经济偏热，第二季度曾担心经济二次探底，第三、四季度经济逐渐走向了平稳较快发展的轨道。

2011 年我国经济运行的基本面没有发生明显变化，我国经济仍将保持平稳较快增长态势。但由于通货膨胀及房价压力下政府需要采取一系列政策措施，经济增长速度将比上年出现一定回落，预计 2011 年我国 GDP 增长速度为 9.6% 左右，增速比上年回落 0.7 个百分点。

2011 年三次产业增加值将分别增长 4.3%、10.8% 和 9.2%，其中第一产业增长速度与上年持平，第二、第三产业增长速度分别比上年降低 1.4 和 0.3 个百分点。三次产业分别拉动 GDP 增长 0.4、5.4 和 3.8 个百分点，其中第一产业的拉动与上年持平，第二、第三产业的拉动分别比上年降低 0.6 和 0.2 个百分点。三次产业对 GDP 增长的贡献率分别为 3.8%、56.0% 和 39.6%，其中第一产业和第三产业的贡献率分别比上年增加 0.1 和 0.9 个百分点，第二产业的贡献率比上年降低 2.4 个百分点。

作为拉动经济增长的三大因素，预计 2011 年投资将保持平稳增长，消费、净出口增长速度将比上年出现不同程度的回落。

2010 年我国投资保持适度增长，结构进一步改善。全社会固定资产投资增长 23.8%，鼓励和引导民间投资健康发展若干意见的发布实施，为民间投资注入了新的活力，2010 年民间投资占城镇固定资产投资比重达 51.1%，比上年提高 3 个百分点。2011 年，在基础设施财政性投资部分淡出、货币政策转向稳健、

"十二五"开局之年地方投资积极性较高等不同因素综合影响下，预计全社会固定资产投资将保持平稳增长，增长速度将保持在较高水平。根据预测，2011 年全社会固定资产投资将达到 341280 亿元，名义增长 22.7%，实际增长 17.6%。

由于继续实施和完善消费刺激政策，在国家宏观经济景气逐渐好转、居民消费信心不断回升等有利因素作用下，2010 年社会消费品零售总额名义增长 18.3%，是本世纪以来仅次于 2008 年的第二高增长速度。近年来消费增长的主要动力来自于汽车、住房（含装修、家具）等新的消费热点及中央刺激消费的相关政策。这些促进消费增长的因素在 2011 年将有所减弱，其中汽车下乡政策已经退出。2011 年，尽管城乡居民社会保障制度在不断健全，但在通货膨胀压力加大、上年基数较高等因素影响下，预计社会消费品零售总额增长速度将适度回落。根据预测，2011 年社会消费品零售总额将达到 183070 亿元，名义增长 16.6%，增速比上年降低 1.7 个百分点；扣除价格因素，实际增长 12.6%，增速比上年下降 2.2 个百分点。

近几年我国对外贸易正朝着更加平衡的方向发展。2009 年中国的贸易顺差比 2008 年减少 1024 亿美元，2010 年又比 2009 年减少 128 亿美元。2011 年考虑到国内通货膨胀和劳动力成本上升、人民币升值压力、国际经济复苏不确定性等因素影响，预计我国外贸增长速度将有明显回落。根据预测，2011 年我国进口和出口增长率分别为 24.4% 和 20.6%，增速比上年分别下降 14.3 和 10.7 个百分点，全年外贸顺差为 1670 亿美元，比 2010 年进一步减少，外贸顺差占 GDP 比重将进一步降低。

2010 年我国 CPI 上涨呈现逐季加快的趋势，第一季度上涨 2.2%，第二季度上涨 2.9%，第三季度上涨 3.5%，第四季度上涨 4.7%。在多种因素作用下，2011 年我国通货膨胀压力较大，但仍将处于可控的状态。预计 2011 年居民消费价格指数上涨 4.3%，商品零售价格指数上涨 3.6%，投资品价格指数上涨 4.3%，上涨幅度分别比上年增加 1.0、0.5 和 0.7 个百分点。

2010 年我国农村居民人均纯收入实际增长 10.9%，创下 1985 年以来 26 年中的最高增速，也是 1998 年以来的 13 年中首次超过城镇居民人均可支配收入实际增长率（7.8%）。预计 2011 年农村居民人均纯收入增长率仍将继续超过城镇居民人均可支配收入增长率，两者分别为 9.1% 和 8.3% 左右。

总体上看，2011 年我国经济增速虽有所回落，但宏观经济运行仍将保持增长较快、通胀可控的态势。下表列出了 2011 年国民经济主要指标的预测结果。

2011 年国民经济主要指标预测表

指标名称	2010 年实际值	2011 年预测值
1. 总量		
GDP 增长率(%)	10.3	9.6
2. 产业		
第一产业增加值增长率(%)	4.3	4.3
第二产业增加值增长率(%)	12.2	10.8
其中:重工业增长率(%)	13.9	12.1
轻工业增长率(%)	12.0	10.4
第三产业增加值增长率(%)	9.5	9.2
其中:邮电交通通信业增长率(%)	9.3	9.2
批发零售业增长率(%)	13.0	12.1

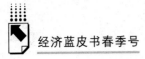

续表

指标名称	2010 年实际值	2011 年预测值
第一产业对 GDP 增长的拉动(百分点)	0.4	0.4
第二产业对 GDP 增长的拉动(百分点)	6.0	5.4
第三产业对 GDP 增长的拉动(百分点)	4.0	3.8
第一产业贡献率(%)	3.7	3.8
第二产业贡献率(%)	58.4	56.0
第三产业贡献率(%)	38.7	39.6
3. 投资		
全社会固定资产投资(亿元)	278143	341280
名义增长率(%)	23.8	22.7
实际增长率(%)	19.5	17.6
固定资产投资占 GDP 比例(%)	69.8	73.8
支出法投资率(%)	50.5	52.2
4. 消费		
社会消费品零售总额(亿元)	156998	183070
名义增长率(%)	18.3	16.6
实际增长率(%)	14.8	12.6
5. 外贸		
进口总额(亿美元)	13950	17360
进口增长率(%)	38.7	24.4
出口总额(亿美元)	15779	19030
出口增长率(%)	31.3	20.6
外贸顺差(亿美元)	1829	1670
6. 价格		
居民消费价格指数上涨率(%)	3.3	4.3
商品零售价格指数上涨率(%)	3.1	3.6
投资品价格指数上涨率(%)	3.6	4.3
GDP 平减指数(%)	6.0	5.8
7. 居民收入		
城镇居民人均可支配收入实际增长率(%)	7.8	8.3
农村居民人均纯收入实际增长率(%)	10.9	9.1

续表

指标名称	2010 年实际值	2011 年预测值
8. 财政		
财政收入(亿元)	83155	97820
财政收入增长率(%)	21.4	17.6
财政支出(亿元)	89643	106820
财政支出增长率(%)	17.5	19.2
9. 金融		
新增贷款(亿元)	79524	74800
新增货币发行(亿元)	6382	7820
居民储蓄存款余额(亿元)	312722	373120
居民储蓄存款余额增长率(%)	19.9	19.3
M2(亿元)	725775	855930
M2 增长率(%)	19.7	17.9
各项贷款余额(亿元)	479209	554010
各项贷款余额增长率(%)	19.9	15.6

二 2011 年宏观经济形势分析

1. 当前我国面临的国内外环境依然复杂

目前国际金融危机的深层次影响还在持续，2011 年世界经济的复苏进程仍将复杂曲折。主要发达经济体公共债务沉重，步履维艰，复苏步伐不稳。美国采取的量化宽松政策虽然取得了一些效果，但失业问题依然严重，房地产市场仍然低迷，新的经济增长点尚不明晰。欧元区通过救助基金机制虽然缓解了一些主权债务危机国家局势恶化的局面，但其他一些国家仍存在主权债务危机扩大蔓延之势，局部金融动荡可能重新加剧。新兴经济体经济活力虽然在增强，但由于全球流动性泛滥而出现了不同程度的通货膨胀。最近利比亚等中东北非地区的动荡及战争、日本特大地震后更为宽松的货币政策加剧了国际大宗商品价格上涨，不仅会进一步推高新兴经济体的通货膨胀，而且将威胁发达经济体脆弱的复苏势头。

2011年是我国"十二五"规划的开局之年，我国发展的有利条件和长期向好的趋势没有改变。我国在三十多年改革开放中取得了巨大成就，"十二五"时期发展中国家特别是新兴市场国家整体实力有望步入上升期，我国工业化、信息化、城镇化、市场化、国际化深入发展，投资需求仍将保持合理的规模，消费需求潜力巨大，科技和教育水平整体提升，基础设施日益完善，我国的发展仍处于可以大有作为的重要战略机遇期。但是，我国宏观经济平稳运行也面临许多挑战，粮食稳定增产和农民持续增收的基础不牢固，经济结构调整任务艰巨。特别是近来通货膨胀压力增大以及部分大中城市房价涨幅过高，普通居民通过市场解决住房问题的难度较大，需要采取有效措施加以解决。

2. 这次通货膨胀源于多种因素的综合叠加效应

当前，我国总供给与总需求基本平衡，绝大多数产品供应充足，特别是粮食连续7年丰收、库存充裕，总体上有利于保持物价总水平基本稳定。但是，当前引起通货膨胀的因素仍然较多，我国面临的通货膨胀压力较大，来源于多种因素的综合叠加效应，主要有国际输入、需求拉动、成本推动、流通环节问题以及价格翘尾等方面的因素。

一是国际大宗商品价格上涨的输入效应。国际金融危机期间，主要发达经济体的私人债务及主权债务问题相继暴露，一些国家推出大规模量化宽松政策，提高了美元贬值的预期，增强了国际大宗商品价格上涨预期，国际石油价格大幅上涨。利比亚战争及日本特大地震加剧了国际油价及金银等价格上涨，国际大宗商品价格上涨的输入效应明显加剧，推动国内初级产品和原材料成本上升、价格上涨。根据 2000～2010 年的月度数据测算，2000 年以来，我国 CPI 上涨率与我国进口价格上涨率之间的相关系数呈现逐渐增加的态势，从 2000 年的 70% 左右增加到 2010 年的 90% 左右。

二是前两年货币供给较多的滞后效应。国际金融危机期间，全球主要经济体释放了大量流动性，新兴经济体因资本流入等因素使得流动性更为充裕，为物价上涨提供了货币条件，成为先于发达经济体出现通货膨胀的国家。从横向看，目前新兴市场国家在复苏过程中普遍出现了程度不同的通货膨胀问题。以其他几个金砖国家为例，2010 年，巴西的通货膨胀率为 5.9%，俄罗斯为 8.7%，印度为 9.5%，南非为 4.3%。从纵向看，前两年我国新增贷款规模和货币存量规模较大，远高于 2007～2008 年的水平，再加上人民币升值预期下资本流入增加，为价格上涨提供了货币条件。

三是国内生产要素成本上升的传导效应。最近国内劳动力、土地、生产资料成本都有明显的上升趋势，并推动农产品及其他消费品价格上涨。我国为了保护种粮农民的合理收益，经过近几年努力，粮食最低收购价格持续提高，这对稳定粮食生产、增加农民收入起到了积极的作用，但也必然带来物价的上涨。今后随着资源性产品价格和环保收费改革的推进以及劳动力成本的上升，我国将在较长一段时期内存在成本推动的温和的物价上涨压力。

四是流通环节层层加价的推动效应。目前我国蔬菜流通过程主要包括收购、运输、批发、零售等环节。从批发市场到进入社区菜市场和超市零售之间，蔬菜价格往往成倍上升。蔬菜损耗较大、人工成本上升固然是影响因素，但运输、销售终端等环节存在的一些不合理收费和垄断收费现象也是推高蔬菜价格的重要因素。一些社区菜市场对零售商贩收取高额的进场费或管理费，不少社区超市和连锁超市对进场销售的蔬菜收取数额更高的费用。流通环节多、层层加价和不合理的垄断收费推高了蔬菜价格和物价。

五是价格翘尾因素的基数效应。根据测算，价格翘尾因素对 2011 年我国 CPI 的月度平均影响将达 2.6 个百分点，四个季度分别为 3.4、3.5、2.9、0.7 个百分点。

3. 把稳定物价总水平作为当前宏观调控的首要任务

2010 年，我国 CPI 上涨了 3.3%，在影响我国 CPI 水平的八大类商品中，有 5 类上涨（食品类上涨 7.2%，居住类上涨 4.5%，医疗保健和个人用品类上涨 3.2%，烟酒及用品类上涨 1.6%，娱乐教育文化用品及服务类上涨 0.6%），2 类下降（衣着类下降 1.0%，交通和通信类下降 0.4%），1 类持平（家庭设备用品及服务类）。食品类价格与居住类价格上涨是推动物价上涨的两大主要动力。

2011 年，必须把稳定物价总水平作为宏观调控的首要和最紧迫的任务。这是由于：其一，今年的物价水平及稳定物价的措施将在相当程度上决定着今年我国宏观经济的运行态势；其二，当前的物价水平与人民群众的生活休戚相关，食品类价格上涨对城镇低收入群体的生活影响较大；其三，保持今年物价总水平稳定有助于促进经济发展方式转变，为我国"十二五"规划开好局、起好步创造有利条件。为此，要完善流动性管理，做好价格监管和补贴工作；大力发展农业生产，增加有效供给；完善临时收储制度，加强市场宏观调节和微观规制。

首先，要完善流动性管理，做好价格监管和补贴工作。保持社会融资总量和货币供应适度规模，把好流动性总闸门，控制推动物价过快上涨的货币条件。针对部分小宗农产品的"类金融化"特点，强化价格执法，严肃查处恶意炒作、串通涨价、哄抬价格等不法行为。完善补贴制度，建立健全社会救助和保障标准与物价上涨挂钩的联动机制，在物价上涨过程中，增加对城镇低收入居民、农民、离退休职工、在校学生的补贴。

其次，要大力发展农业生产，增加有效供给。在 2010 年物价的上涨中，鲜菜上涨 18.7%，鲜果上涨 15.6%，粮食上涨 11.8%。鲜菜、鲜果、粮食等食品价格上涨拉动整个物价上涨 70% 左右。大力发展农业生产，增加财政资金对农田水利建设的投入，增加对粮食主产区转移支付，保证农业生产资料供应，争取实现粮食生产丰收，为控制物价创造必要的物质

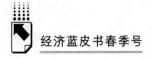

条件。

最后，要完善临时收储制度，加强市场宏观调节和微观规制。把握好国家储备吞吐调控时机，搞好进出口调节，增强市场调控能力。国家除了对小麦、稻谷实行最低保护价收购之外，通过完善对玉米、大豆、油菜籽、糖料、猪肉等产品的临时收储制度，一方面可保护农民的利益，另一方面在市场需要的时候可调节市场价格，平抑物价。我国具有外汇储备较多等有利条件，可积极考虑扩大进口，发挥进口对宏观经济平衡的重要作用。近年来我国蔬菜生产的格局发生了很大的变化，随着城镇化的快速发展，城市周边种菜比重大幅减少，蔬菜长途运输比重显著增加。应大力加强农产品流通体系建设，积极开展"农超对接"，培育农业合作机构，畅通鲜活农产品运输"绿色通道"，特别要加强多部门联合协作，加强对蔬菜销售终端垄断收费的微观规制，降低流通环节的交易成本。

三　把握好积极财政政策与稳健货币政策的着力方向和组合力度

根据国内外经济形势的新变化，党中央、国务院做出要继续实施积极的财政政策和稳健的货币政策的决策。为了实现保持经济平稳较快增长、控制通货膨胀与调整经济结构之间的合理平衡，把稳定物价总水平作为宏观调控的首要任务；要在继续健全逆周期宏观审慎政策框架的基础上，把握好积极财政政策与稳健货币政策的着力方向和组合力度，注重需求政策与供给政策的有机结合。

1. 充分利用当前继续实施积极财政政策的时机，调整和完善积极财政政策的着力方向和实施力度

目前我国有必要继续实施积极的财政政策，主要原因在于：其一，虽然我国经济已经逐渐步入正常增长的轨道，但世界经济的增长目前仍面临许多不确定性和不稳定性，国际金融危机对世界经济的深层次影响还在持续，还需要对经济保持一定的刺激力度，以保持宏观经济稳定发展。其二，财政政策主要是用于解决结构性失衡问题，加大经济社会发展的薄弱环节、保障和改善民生、促进经济转型升级都需要国家财政增加投入，只有继续实施积极的财政政策，才能发挥财政政策在改善结构、调节分配、促进和谐等方面的重要作用。

目前我国也有可能继续实施积极的财政政策，一是由于目前我国财政赤字、国债余额占 GDP 的比重尚处于可控的状态；二是由于目前我国宏观经济增长势头及增长预期良好，为实施积极的财政政策提供了一定的空间。

尽管 2011 年我国有必要也有可能继续实施积极的财政政策，但"积极"的力度应低于 2010 年，是偏向稳健的"积极"。一方面要继续保持适当的财政赤字和国债规模，另一方面在实施力度上要比前两年国际金融危机影响严重时有所减少，以处理好保持经济平稳较快增长、控制通货膨胀与防范财政风险之间的平衡关系。

要充分利用当前继续实施积极财政政策的时机，调整和完善积极财政政策的着力方向和实施力度。积极财政政策应向保增长、惠民生、促转型、调结构的方向转变，在保障和改善民生的同时，增加有效供给，促进结构升级和战略转型，为促进经济长期增长增添动力。要着力加强农业、农村基础设施建设，尤其是大力推进各项水利工程的建设，推动教育事业发展，大力支持医药卫生体制改革，加大保障性安居工程建设，支持加快建立覆盖城乡居民的社会保障体系，推动公共文化事业发展。要重点推进节能减排、资源环境、科技创新等战略性新兴产业的发展，把握好政府管理价格调整的时机、力度和节奏，积极稳妥地推进资源性产品价格和环保收费改革，在项目选择上加强引导，通过财政补贴、创新投资等方式支持战略性、创新性等产业发展和发展方式转变，推动经济尽快走上内生增长、创新驱动的轨道。

2. 实施稳健的货币政策，促进价格稳定和经济平稳发展

稳健的货币政策，可以理解为中性的货币政策。当前我国物价上涨压力较大，实施稳健的货币政策是 2011 年控制物价较快上涨的重要措施之一。实施稳健的货币政策，一方面可以使货币供给增加逐步与宏观经济增长状况相匹配，避免物价全面上涨；另一方面可以保持适当的货币供给，促进经济平稳较快发展。

稳健货币政策要把保持银行体系流动性合理适度、促进货币信贷适度增长的内币政策与完善人民币汇率形成机制、对人民币汇率浮动进行动态管理和调节的外币政策有效结合起来。

第一，继续完善流动性总量管理，综合运用价格和数量工具，合理安排货币信贷政策工具组合、期限结构和操作力度，注重利率工具的使用，抑制物价不合理的上涨，提高货币政策有效性。完善货币条件，通过资金价格引导国内服务业、资源环境和劳动力等价格的合理调整。

第二，着力优化信贷结构，保持合理的社会融资规模，满足经济增长和结构调整的合理资金需求，引导商业银行加大对重点领域和薄弱环节的信贷支持。提高直接融资比重，发挥好股票、债券、产业基金等融资工具的作用，更好地满足多样化投融资需求。

第三，稳定人民币汇率预期，坚持以市场供求为基础对人民币汇率浮动进行动态管理和调节，注重发挥汇率在抑制通胀和结构调整中的作用，保持人民币汇率在合理均衡水平上的基本稳定。同时，要注意防范国际收支中热钱冲击和投机性交易的影响。一些主要发达国家实施的量化宽松货币政策及国际突发事件有可能诱发跨境资金套利的非常规活动，外汇市场的过度波动和无序变化会给经济及金融稳定带来负面影响，并通过外贸、外资、金融等传导渠道加大我国国际收支运行的波动性。

3. 促进投资平稳适度增长，防止经济出现大的波动

改革开放以来，在我国三驾马车与经济增长的关系中，投资增长与经济增长表现出较强的关联性。根据 1981～2009 年的数据测算，我国投资增速与当年经济增速之间的相关系数为 63.3%，与次年经济增速之间的相关系数为 70.1%。投资需求增长过快和急速下降往往成为经济过热或过冷的主要原因，投资运行周期在相当程度上决定了宏观经济运行的周期。

我国投资增长与经济增长之间还存在着单向传导关系。运用 1981～2010 年数据所做的 Granger 因果关系检验表明：投资增长是经济增长的 Granger 原因,而经济增长不是投资增长的 Granger 原因。可见,投资增长是宏观调控的一个重要控制变量:当经济出现过热的时候,抑制投资过快增长是宏观调控政策体系最核心的手段;而在经济低迷时期,刺激投资增长则是经济复苏最有效、最直接的措施。

2011 年,要在调整优化投资结构、提高投资质量的基础上促进投资平稳适度增长,防止经济出现大的波动。财政投资和货币信贷要重点支持保障性安居工程、水利设施为重点的农业和农村基础设施、教育卫生、节能减排以及生态环境等领域的建设,大力促进少数民族地区、边远地区经济社会的发展,支持科技创新以及战略性新兴产业的发展。投资资金的安排要优先保证重点在建、续建项目的资金需要,有序启动"十二五"规划重大项目建设。

与此同时,要发挥财税、金融政策引导作用,进一步鼓励、引导民间投资健康发展。抓紧制定公开透明的市场准入标准和支持政策,鼓励和引导民间资本进入基础产业、基础设施、市政公用事业、社会事业、金融服务等领域,促进社会投资稳定增长和结构优化。

总之,2011 年尽管经济发展中的不确定因素仍然较多,但我国经济发展长期向好的趋势不会改变。我们应把握好积极财政政策和稳健货币政策的着力方向和组合力度,注重需求政策与供给政策的有机结合,在保持经济平稳较快发展的同时,不失时机地推动经济结构调整和重点领域改革,为我国经济长期可持续发展创造更为有利的条件。

B.2
"十二五"时期我国面临的
国内外环境分析

刘树成*

摘　要：国际环境总的特点是，两个大趋势和一个总潮流没有改变，即世界多极化和经济全球化的客观趋势深入发展，和平、发展、合作仍是时代潮流。在此基础上，国际金融危机的冲击和影响深远，世界经济格局也正在发生深刻变化，表现出一些具体的新特点。国内经济走势总的特点是，长期向好的趋势没有改变，我国仍处于工业化、信息化、城镇化、市场化、国际化深入发展阶段，发展空间还很大。但我国发展中不平衡、不协调、不可持续的问题依然较多。

关键词："十二五"时期　国内外环境　战略机遇期

党的十七届五中全会通过的"十二五"规划建议、温家宝总理在十一届全国人大四次会议上的《政府工作报

---

* 刘树成，中国社会科学院学部委员、经济学部副主任。

告》，都全面分析了我国"十二五"时期面临的国内外环境，均强调指出，综合判断国际国内形势，我国发展仍处于可以大有作为的重要战略机遇期。这里，我们进行一些具体分析。

一 "重要战略机遇期"论断的深刻含义

对国内外各种环境条件进行动态考察和趋势分析，从而对国际国内形势做出科学判断和准确把握，是我们正确制定重大战略目标与任务的前提和基础。综合判断国际国内形势，我国发展仍处于可以大有作为的重要战略机遇期，这一论断为制定和实施"十二五"规划的宏伟目标与任务提供了最基本的国内外环境条件分析，是我们制定和实施"十二五"规划的科学前提。能否抓住重大历史机遇，也就是能否充分利用国内外一切有利条件，排除各种不利因素的影响，历来是关系我国革命和建设事业兴衰成败的大问题。

在刚刚跨入21世纪的时候，2002年，党的十六大首次提出，综观全局，21世纪头二十年，对我国来说，是一个必须紧紧抓住并且可以大有作为的重要战略机遇期。2007年，党的十七大重申，从新的历史起点出发，抓住和用好重要战略机遇期。当新世纪第一个十年已经过去、第二个十年刚刚开始的时候，面对国际上金融危机严重冲击及其深远影响的新情况，面对我国改革开放30多年来所取得的举世瞩目的经济快速增长"奇迹"以及所带来的新矛盾,我国发展是否仍然处于重要战略机遇期、是否仍然可以大有作为,是我们首先需要回答的大问题。现在,我们有了明确答案:综合判断国际国内形势,我国发展仍处于可以大有作为的重要战略机遇期。这一论断的深刻含义就在于,在新世纪第二个十年的开端,统一认识,凝聚力量,进一步增强机遇意识和忧患意识,继续抓住和用好我国发展的重要战略机遇期,更加奋发有为地朝着全面建设小康社会的伟大战略目标再上新台阶。

二 国际环境分析

(一) 国际环境总的特点是,两个大趋势和一个总潮流没有改变,即世界多极化和经济全球化的客观趋势深入发展,和平、发展、合作仍是时代潮流

世界多极化,即世界多种力量相互并存、相互借助、相互制约,在国际事务中平等参与、共同发挥作用的格局。它是冷战结束以来世界两极格局终结、国际关系趋于缓和、各种力量此消彼长和重新组合的必然结果。国际金融危机后,世界力量对比正在发生新的变化,发展中国家特别是新兴市场国家的整体实力正在上升。世界多极化的深入发展有利于进一步遏制霸权主义和强权政治,推动公正合理的国际政治经济新秩序的建立,有利于维护世界和平与稳定。争取较长时期的和平国际环

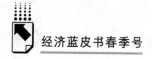

境和避免新的世界大战仍然是可能的。

经济全球化，即生产、贸易、投资、金融等经济活动在全球范围内的广泛拓展，资本、技术、劳动力、信息等各类生产要素在全球范围内的大规模流动和配置的过程。它是当代生产力发展、科学技术发展、国际分工发展到较高水平的必然结果。国际金融危机后，经济全球化的趋势继续深入发展，世界各国经济的相互依存、相互影响进一步加深，新的跨国并购、跨境投资、技术合作和产业转移的势头正在上升。经济全球化的深入发展有利于生产要素在全球的优化配置，以促进世界经济的发展；有利于各国参与国际经济合作与竞争，以拓宽自己的发展空间；也有利于世界和平与稳定。

在世界多极化和经济全球化大趋势的推动下，和平、发展、合作仍是时代潮流。求和平、谋发展、促合作，关系到各国人民的福祉，代表了各国人民的根本利益，是各国人民的共同愿望。顺应时代潮流，维护世界和平，在平等互利的基础上加强各国之间的友好合作，寻求和扩大各国利益的会合点，促进共同发展和繁荣，已经成为越来越多国家的现实选择。

（二）在国际上两个大趋势和一个总潮流没有改变的情况下，国际金融危机的冲击和影响深远，世界经济格局也正在发生深刻变化，表现出一些具体的新特点

1. 世界经济结构加快调整

国际金融危机后，世界经济结构进入调整期，各国正在调整自己的发展模式，以寻求新优势。发达国家由于金融体系受到重创，信贷难以恢复正常，加之就业的恢复滞后于经济复苏，失业率居高不下且收入下降，致使长期以来形成的过度负债、过度消费的模式被打破，试图通过扩大投资和出口、重振制造业来恢复经济增长。新兴市场国家出口拉动型增长模式受阻后，在努力稳定外需市场的同时，试图通过扩大内需、开拓新的增长点来进一步发展经济。资源输出国借助资源优势，加强自我开发利用，延伸产业链，试图改变单纯依赖资源出口的发展模式。世界经济结构的这种大调整，将会给国际市场上的需求结构和供给结构带来较大影响。在需求面，消费将持续不振；在供给面，竞争将更加激烈。

2. 全球经济治理机制深刻变革

全球经济治理机制是指对国际上重大经济、财政、金融、货币等问题进行磋商和解决的组织机构及其协调活动。在国际金融危机严重冲击下，原来由少数几个发达国家所垄断的传统国际经济协调平台已难以应对现今复杂多变的世界经济形势，必须形成更多国家平等参与、共同发挥作用的机制。如加强20国集团的作用，使其成为国际社会讨论和协调宏观经济政策的主要平台。由此，世界经济治理机制进入变革期。包括国际金融监管改革、国际金融组织体系改革、国际货币体系改革等都已成为国际社会的重要议题。

3. 科技创新和产业转型孕育突破

大的经济危机，对于旧的产业结构来说，是一种清理机制，而对新的产业结构来说，则是一种催生机制。在国际金融危机冲击、全球气候变化、资源环境压力加大等多重压力下，世界科技创新和产业转型正处于新的孕育期，全球将进入空前的创新密集和产业振兴时代。世界许多国家纷纷把加强科技创新，加强前沿基础研究，加强人才培养，加快培育和发展新能源、新材料、新信息网络、生物医药、节能环保、低碳技术、绿色经济等新兴产业，作为新一轮科技革命和产业革命的重点，抢占未来经济和科技发展的战略制高点。美国政府在2009年9月出台了《美国创新战略：推动可持续增长和高质量就业》报告，提出加大投资，恢复美国基础研究的国际领先地位；强调培养符合21世纪知识和技能的下一代人才，培养世界一流的劳动力队伍；提出推动市场竞争，激励创新创业；在清洁能源、先进汽车、卫生保健等国家优先领域催生重大突破。欧盟2010年3月出台了《欧洲2020战略》，提出未来经济发展三大重点：发展基于知识和创新的智能经济；提高资源利用效率和发展绿色技术，实现可持续增长；提高就业水平，加大技能培训投入，实现经济、社会和地区融合的高就业的包容性增长。日本提出了《未来开拓战略》。俄罗斯提出了发展可再生能源的《国家政策重点方向》。韩国提出了《绿色发展国家战略》等。

4. 发展中国家特别是新兴市场国家整体实力步入上升期

在应对国际金融危机中，发达国家普遍陷入困境，经济低迷，复苏缓慢，而发展中国家特别是新兴市场国家率先复苏，凸显经济快速、稳定增长的良好势头。按国际货币基金组织最新公布的《世界经济展望》，2009年，发达经济体的经济增长率为 - 3.4%，而新兴和发展中经济体为2.6%；2010年，发达经济体为3%，而新兴和发展中经济体为7.1%。国际货币基金组织将鲜明对比的发达经济体的慢速复苏同新兴和发展中经济体的快速复苏现象，称之为"双速复苏"。发展中国家特别是新兴市场国家逐渐成为世界经济增长的重要引擎。同样根据国际货币基金组织的报告，按照市场汇率估算，中国、印度、巴西、俄罗斯"金砖四国"的GDP总量，2008年占世界份额的15%，到2015年将上升至22%；四国经济总量将超过美国，四国的GDP增量也将占世界增量的1/3。在国际事务中，发展中国家正在争取更多的参与权和话语权，正在发挥着越来越重要的作用。

（三）国际环境总体上有利于中国和平发展，但影响和平、发展、合作的不稳定和不确定因素仍然较多

首先，两个"压力"还将长期存在，即发达国家在经济上科技上占优势的压力、霸权主义和强权政治的压力将长期存在。其次，世界经济格局的以上一些新特点，有的也利弊共存，既有机遇也有挑战，特别是国际上围绕资源、市场、技术、人才的竞争更加激烈，贸易保护主义时有加剧。再次，当前，世界经济将继续复苏，但复苏的动力不强，隐忧时有发生。这些，对中国经济、社会发展也提出了新的挑战。

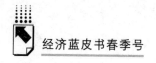
三 国内形势分析

（一）国内经济走势总的特点是，长期向好的趋势没有改变，我国仍处于工业化、信息化、城镇化、市场化、国际化深入发展阶段，"五化"相互促进，发展空间还很大

工业化，是我国全面建设小康社会的最基本的物质技术条件和基础。按照已经实现工业化的国家的一般情况，工业化过程分为两大阶段，第一阶段是工业化初步发展阶段，工业比重超过农业；第二阶段是工业化深度发展阶段，农业比重进一步下降，工业比重亦下降，服务业比重超过工业。从我国三次产业增加值占国内生产总值的比重变化看（见表1），1952 年，以农业为主的第一产业占 50.5%，远大于以工业为主的第二产业的比重 20.9%，第三产业比重为28.6%。1970 年，第二产业比重上升为 40.5%，首次超过第一产业。1978 年，改革开放之初，第一产业比重下降为28.2%，第二产业比重上升为 47.9%，第三产业比重比 1952年有所下降，为 23.9%。到 2010 年，第一产业比重继续下降为 10.2%，第二产业比重基本稳定，略有下降，为46.8%，第三产业比重上升为 43%，但仍低于第二产业。从产值比重这个角度看，我国工业化的发展总体尚处于中级阶段。然而，从我国三次产业的就业比重的变化看，到目前，第一产业的就业比重虽然有明显下降，但仍高于第二产业。第一、二、三产业的就业比重，1952 年分别为 83.5%、7.4% 和 9.1%，2009 年分别为 38.1%、27.8% 和 34.1%。这与我国是人口大国有关。实现工业化仍然是我国现代化进程中艰巨的历史性任务。"十二五"时期，我国要加快推进工业化，提高工业化的水平和质量，改造提升制造业，培育和发展战略性新兴产业，发展结构优化、技术先进、清洁安全、附加值高、吸纳就业能力强的现代产业体系，坚持走中国特色新型工业化道路。

表 1　三次产业比重

单位：%

年份	三次产业增加值占国内生产总值比重			三次产业就业人数占总就业人数比重		
	第一产业	第二产业	第三产业	第一产业	第二产业	第三产业
1952	50.5	20.9	28.6	83.5	7.4	9.1
1978	28.2	47.9	23.9	70.5	17.3	12.2
2010	10.2	46.8	43.0	38.1*	27.8*	34.1*

资料来源：《中国统计年鉴 2010》，中国统计出版社，2010，第 39 页。其中，三次产业就业人数占总就业人数比重中，带 * 数据为 2009 年数；三次产业增加值占国内生产总值比重中 2010 年数据来源为：国家统计局《中华人民共和国 2010 年国民经济和社会发展统计公报》，2011 年 3 月 1 日《人民日报》。

信息化，是一场新的科技革命。信息技术的广泛应用，已成为促进经济和社会发展的重要手段。我国呈现以信息化带动工业化、以工业化促进信息化、信息化和工业化相

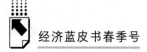

融合的后发优势，引发了生产方式变革，推动了经济发展方式转变，为我国在高起点上推进工业化进程提供着重要的技术支撑。我国信息基础设施水平快速跃升，全国信息通信干线光缆已达 2120 万芯公里（光缆是多芯的，其统计方法是，用芯数乘以光缆长度，称为"芯公里"），成为全球最大的信息通信网络。全国固定电话用户、移动电话用户、互联网网民人数均已居世界第一位。"十二五"时期，我国要全面提高信息化水平，加快建设宽带、泛在、融合、安全的下一代国家信息基础设施，推进经济、社会各领域信息化，进一步推动信息化与工业化的深度融合，建设信息中国。

城镇化，是工业化和信息化的重要载体，是扩大内需特别是扩大消费需求的最大潜力所在。我国城镇化率（城镇人口占总人口的比重），1949 年为 10.6%，1978 年上升到17.9%。"十一五"时期，我国城镇化发展很快，城镇化率由 2005 年的 43%，上升到 2010 年的 47.5%，上升了 4.5 个百分点，年均上升 0.9 个百分点（见图1）。"十二五"期间，我国还要积极稳妥地推进城镇化，不断提高城镇化的水平和质量，增强城镇综合承载能力，预防和治理"城市病"。"十二五"期末的 2015 年，城镇化率预计达到 51.5%，年均上升 0.8 个百分点。2014 年，我国城镇人口将首次超过乡村人口，这对于具有 13 亿多人口的大国来说，将是一个历史性的重大变化。

市场化，是推动我国经济、社会发展的重要体制机制保

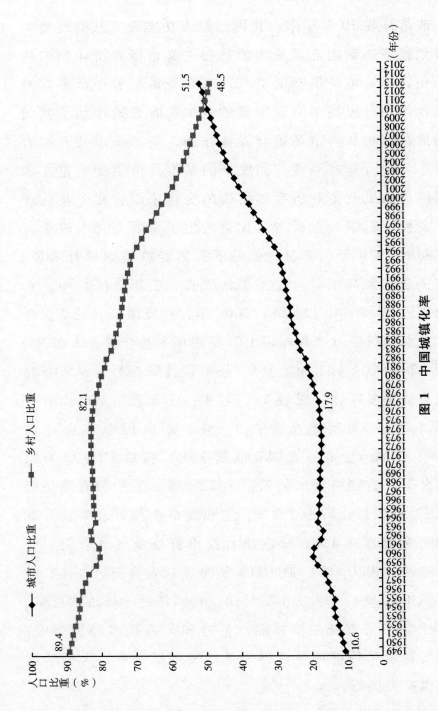

图 1 中国城镇化率

资料来源:《中国统计年鉴 2010》,中国统计出版社,2010,第 95 页。2011~2015 年"十二五"期间为预计数。

障。改革开放 30 多年来，我国已经成功实现了从高度集中的计划经济体制向充满活力的社会主义市场经济体制的伟大历史转折。市场机制的引入及其在资源配置中所发挥的基础性作用，提高了资源配置的效率，有力地推动了我国经济的快速增长。市场机制发挥作用，是基于以公有制为主体、多种所有制经济共同发展的基本经济制度的建立和发展的。从工业企业所有制结构的变化来看，在工业总产值中各种所有制企业所占的比重发生了重要变化。改革开放之初的 1978 年，工业企业的所有制经济类型只有两种：国有工业和集体工业。在工业总产值（当年价格）中，它们分别占 77.6% 和 22.4%。2009 年，在规模以上工业企业的工业总产值中（"规模以上"是指年主营业务收入在 500 万元人民币以上的工业企业），按登记注册类型分，所有制形式已实现多样化（见表 2）。其中：①非公司制的国有企业占 8.3%；②集体企业占 1.7%；③股份合作企业占 0.7%；④联营企业（含国有联营企业）占 0.2%；⑤有限责任公司（含国有独资公司）占 22.1%；⑥股份有限公司（含国有控股企业）占 9.2%；⑦私营企业占 29.6%；⑧其他内资企业占 0.4%；⑨港澳台商投资企业（含合资、合作、独资）占 9.5%；⑩外商投资企业（含合资、合作、独资）占 18.3%。"十二五"时期，我国将进一步改革攻坚，完善社会主义市场经济体制，坚持和完善基本经济制度，在重要领域和关键环节取得改革的突破性进展，为科学发展提供有力保障。

表2　工业总产值中各种所有制企业所占比重

单位：%

序号	按登记注册类型分	1978 年	2009 年
1	国有企业（非公司制）	77.6	8.3
2	集体企业	22.4	1.7
3	股份合作企业		0.7
4	联营企业（含国有联营企业）		0.2
5	有限责任公司（含国有独资公司）		22.1
6	股份有限公司（含国有控股企业）		9.2
7	私营企业		29.6
8	其他内资企业		0.4
9	港澳台商投资企业（含合资、合作、独资）		9.5
10	外商投资企业（含合资、合作、独资）		18.3

资料来源：根据《中国统计年鉴2010》，中国统计出版社，2010，第507页数据计算得出。

国际化，是推动我国经济、社会发展的重要外部条件。在当代，闭关自守是不能实现工业化和现代化的。对外开放已成为我国的基本国策。30多年来，我国已经形成全方位、多层次、宽领域的对外开放格局，有力地推动了我国经济、社会的迅速发展。"十二五"期间，我国将实行更加积极主动的对外开放战略，不断提高对外开放水平，继续稳定和拓展外需，加快转变外贸发展方式，拓展新的开放领域和空间，坚持"走出去"和"引进来"相结合，利用外资和对外投资并重，培育参与国际经济技术合作与竞争的新优势。提高利用两个市场、两种资源的能力，推动外贸发展从规模扩张向质量效益提高转变，从低成本优势向综合竞争优势转变。

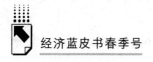

（二）除以上的长期向好趋势外，当前我国经济发展还有一系列有利条件

1. 从需求面看，我国市场潜力巨大

"十一五"期间，我国人均国内生产总值从 1700 美元提高到 4000 美元。到"十二五"期末，按 2010 年价格计算，人均国内生产总值预计超过 4 万元人民币；若按 1 美元等于 6.5 元人民币计算，将超过 6000 美元。对于地域辽阔且拥有 13 亿多人口的大国来说，人均收入水平的提高将提供广阔的内需市场，将有力地推动我国需求结构及相应产业结构的升级。

2. 从供给面看，我国资金供给充裕，科技和教育水平整体提升，劳动力素质提高，基础设施日益完善

资金供给充裕。我国拥有不断增强的财政实力、较为宽裕的信贷资金和较为充足的外汇储备，以保证经济、社会发展的资金供给。我国经济的平稳较快发展，为财政收入的稳定增长奠定了税源基础。全国财政收入保持了较强劲的增势。"十一五"期间，我国财政收入连续快速增长，从 2005 年的 3.16 万亿元增加到 2010 年的 8.31 万亿元，年均增长 21%。财政收入的增加，为推动发展方式转变和经济结构调整、促进城乡统筹和区域协调发展、实现基本公共服务均等化及保障和改善民生，提供了坚实的财力保障。我国金融机构人民币各项存款余额，2005 年为 28.7 万亿元，2010 年达到 71.8 万亿元，其中，城乡居民储蓄存款余额达到 30.3 万亿元。2010 年，我国国家外汇储备已超过 2.8 万亿美元，连续 5 年居世界第一位。

科技和教育水平整体提升，劳动力素质提高。我国自主创新水平得以提高，科技实力显著提升。我国全社会研究与试验发展经费支出总量，按当前汇率计算，已居世界第四位。研究与试验发展经费支出占国内生产总值的比重，在"十一五"时期由 1.3% 上升到 1.8%，到"十二五"时期末预计进一步上升到 2.2%。截至 2009 年，我国科技人力资源总量达 5100 万人，跃居世界第一位。我国发明专利授权量，2009 年达 12.8 万件，比 2005 年增长 142%，居世界第三位，而且国内发明专利授权量首次超过国外在华授权量。2010 年，我国发明专利授权量又上升到 13.5 万件。我国的国际专利申请量，2010 年突破 1.2 万件，已跃居世界第四位。在前沿技术研究领域，我国科技成果取得众多突破，部分成果已达到国际领先水平。我国自主研制的千万亿次高效能计算机"天河一号"，运算性能达到世界第一。载人航天和探月工程取得重大进展，神舟系列飞船发射成功，使我国成为世界上第三个掌握空间出舱活动技术的国家。嫦娥一号、嫦娥二号相继发射成功，使我国成为世界上第五个发射月球探测器的国家。教育水平整体提升。"十一五"期间，高等教育毛入学率从 2005 年的 21% 提高到 2009 年的 24.2%，在校学生总规模达 2979 万人，位居世界第一。国民平均受教育年限，"十一五"期间由 2005 年的 8.5 年，上升到 2010 年的 9 年。高中阶段教育毛入学率由 2005 年的 52% 提高到 2010 年的 82.5%，到 2015 年将进一步提升到 87%。主要劳动年龄人口平均受教育年限，2009 年达

9.5 年，2015 年将达 10.5 年。新增劳动力平均受教育年限，2015 年将达到 13.3 年。

基础设施日益完善。我国交通运输已告别了过去经常作为国民经济发展"瓶颈"的历史，成为经济、社会发展的重要支撑和先导。全国公路网总里程，1980 年只有 88.8 万公里，到 2010 年底达到 398.4 万公里，跃居世界第二位。高速公路通车里程由 2005 年的 4.1 万公里扩展到 2010 年的 7.4 万公里。港口和集装箱吞吐量连续 7 年保持世界第一。"十二五"时期，进一步统筹各种运输方式的发展，基本建成国家快速铁路网和高速公路网，构建网络设施衔接完善、技术装备先进适用、交通服务安全高效的综合交通运输体系。

3. 从政策面看，党和政府宏观调控与应对重大挑战的能力明显增强，社会大局保持稳定

"十一五"时期，面对国内外环境的复杂变化和重大风险挑战，诸如防止国内经济增长过热、应对国际金融危机的巨大冲击、战胜四川汶川特大地震等重大自然灾害，党和政府团结带领全国人民，沉着应对，果断决策，保持了经济平稳较快发展的良好态势，维护了社会大局的稳定，积累了弥足珍贵的经验。从宏观调控方面说，主要经验有：一是必须坚持科学发展，加快经济发展方式转变；二是必须坚持政府调控与市场机制有机结合，在充分发挥市场配置资源的基础性作用的同时，注重发挥我国社会主义制度决策高效、组织有力、集中力量办大事的优势；三是必须坚持统筹国际国内两个大局，把扩大内需作为长期发展战略，同时实行互利共赢的开放战略；四是必须坚持把改革开放作为推动经济、社会发展的根本动力；五是必须坚持发展经济与改善民生相统一，让全体人民共享改革发展成果；六是必须坚持发挥中央和地方两个积极性，形成共克时艰的强大合力。这些宝贵经验对于我们继续前进具有深远意义。保持社会大局稳定，是我国经济、政治、社会、文化等一切事业发展的重要保证。针对我国当前阶段正值经济体制深刻变革、社会结构深刻变动、利益格局深刻调整、思想观念深刻变化的新情况，党和政府始终高度重视加强和创新社会管理，化解社会矛盾，应对社会风险，做好新形势下群众工作，促进了社会和谐，保障了广大人民安居乐业，为全面建设小康社会奠定了基础。

（三）国内经济走势总体上有利于我国发展，但我国发展中不平衡、不协调、不可持续的问题依然较多

这些问题具体有：在人民群众最为关注的方面，收入分配差距较大，物价上涨预期较强，房价涨幅居高难下，"城市病"日趋凸显；在经济发展方面，经济增长的资源环境约束更加强化，投资与消费关系的失衡难以在短期内矫正，城乡和区域发展还不协调；在体制机制方面，制约科学发展的体制机制障碍依然较多，科技创新能力总体上还不强。

总之，"十二五"时期，我们既面临难得的历史机遇，也面对诸多可以预见和难以预见的风险挑战。我们要善于科学判断和准确把握国内外发展大势，充分利用一切有利条件，有效解决突出的矛盾和问题，继续抓住和用好我国发展的重要战略

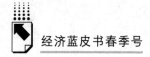

机遇期，为夺取全面建设小康社会新胜利、推进中国特色社会主义伟大事业而努力奋斗。

参考文献

《中共中央关于制定国民经济和社会发展第十二个五年规划的建议》，2010 年 10 月 28 日《人民日报》。

温家宝：《政府工作报告——二〇一一年三月五日在第十一届全国人民代表大会第四次会议上》。

刘树成：《中国经济增长与波动 60 年——繁荣与稳定 III》，社会科学文献出版社，2010。

刘树成：《2010 年中国经济走势特点与"十二五"时期经济增速分析》，《2011 年中国经济形势分析与预测》，社会科学文献出版社，2010。

国家统计局：历年《中国统计年鉴》，中国统计出版社。

IMF：World Economic Outlook Database.

B.3
当前工业经济运行分析与展望

原磊　金碚*

摘　要：2010 年中国工业经济总体延续企稳回升态势，保持了较快的增长速度，但季度数据及月度数据出现高位回落。2011 年中国工业增速可能会进一步减缓，进入中速增长阶段。国家应在调低工业增速预期、维持工业平稳增长的基础上，将调整产业结构、促进工业转型升级作为工业经济调控政策的重点。未来产业升级将成为工业增长的重要动力，朝阳产业和夕阳产业的边界将出现模糊，产业转移速度将进一步加快。

关键词：工业经济　高位回落　中速增长

在应对国际金融危机、加快推进经济发展方式转变和经济结构调整、促进经济平稳较快发展的一系列政策作用下，中国工业经济运行由回升向好向稳定增长转变的态势基本确

---

* 原磊，中国社会科学院工业经济研究所工业运行研究室副主任，副研究员，经济学博士；金培，中国社会科学院工业经济研究所所长，研究员，博士生导师，经济学博士。

立，工业增速高位回落，运行质量和效益有所提高。2011年，中国工业增速可能会进一步减缓，进入中速增长阶段。国家应在调低工业增速预期、维持工业平稳增长的基础上，将调整产业结构、促进工业的转型升级作为工业经济调控政策的重点。

一 2010年以来工业经济形势分析

1. 工业经济增速高位回落

2010年以来，中国工业经济总体上延续了2009年下半年以来的企稳回升态势，保持了较快的增长速度。然而，从季度和月度数据走势来看，工业增速出现了高位回落的态势（见图1）。造成工业增速下滑的首要原因是固定资产投资增速的

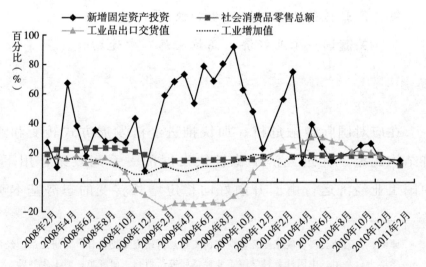

图1 2008年至2011年2月工业增加值及相关指标走势

大幅度下降。2009 年，全年新增固定资产投资增速达到了 29.1%，在个别月份甚至达到 90%。然而，进入 2010 年，尤其是 2010 年下半年以后，随着经济形势的好转，以及通货膨胀预期增强，政府加大了结构调整的力度，新增固定资产投资增速逐月下滑，2010 年增速仅为 18.8%，不仅远远低于 2009 年的水平，而且低于国际金融危机前的水平，而这也直接造成了 2010 年下半年以来的工业增速回落。其次，出口增速下滑也是造成工业增速下滑的另外一个重要原因。受世界经济增长恢复缓慢、2009 年基数逐月提高、国际贸易保护主义抬头等因素的影响，从 2010 年下半年开始，工业品出口交货值月度同比增速出现了逐步下滑的趋势。相比之下，消费的增长较为平稳，2010 年全年的社会消费品零售总额基本维持在 18.57% 上下。

2. 工业运行的质量和效益有所提高

重工业由 2009 年下半年以来的快速增长逐步转向平稳增长，月度同比增速与轻工业趋近。虽然重工业增速的放缓使得整体工业增速出现一定幅度回落，但 2010 年规模以上工业企业增加值仍均保持了两位数的较快增速。轻工业的稳速增长为整体工业经济的平稳运行作出了重要贡献，但从绝对量上看，重工业仍然是支持工业增长的主要动力。中西部地区发展速度快于东部，西部地区企业效益明显提升。2010 年，东、中部地区工业增加值分别增长 14.9% 和 18.4%，增速比上年加快 5.2 个和 6.3 个百分点；西部地区增长 15.5%，增速与上年持平。2010 年 1~11 月，东、中、西部地区规模以上工业企业实现利润同比分别增长 45.3%、52.7% 和 62.7%。企业盈利能力明显提高，2010 年 1～11 月，规模以上工业企业实现利润 38828 亿元，同比增长 49.4%（上年同期增长 7.8%），成本费用利润率从 2005 年的 6.31% 提高到 6.79%；按现价计算全员劳动生产率从 2005 年的 10.86 万元/人·年提高到 22.1 万元/人·年。

3. 节能减排工作取得积极成效

国际金融危机下，国家推出了 4 万亿元投资计划和重点产业调整振兴规划，而原材料行业也成为受惠最大的行业。从 2009 年开始，原材料领先于其他行业遏止下滑趋势，恢复增长，成为我国工业企稳回升的关键性力量，尤其是 2009 年第四季度，增速持续保持在 20% 以上。2010 年 1～5 月，原材料行业延续了 2009 年第四季度以来的快速增长势头，且增速总体上高于规模以上工业平均水平。然而，原材料产业的快速发展也造成了我国单位工业增加值用电量的迅速增加，2009 年 11 月同比增速达到了 10.7%。同时，我国一些地区也出现了较强的通货膨胀预期。在这种情况下，从 2009 年 5 月份开始，国家加大了节能减排工作力度，加强重点行业的节能减排管理。于是，六大高耗能行业的增速明显下滑，产能过快增长势头也得到遏制。2010 年，六大高耗能行业增加值同比增长 13.5%，比上半年和前三季度分别回落 3.7 个和 1.3 个百分点，其中9～12月份的当月增速均低于10%；2010 年，六大高耗能行业完成投资 34754 亿元，比上年增长 14.8%，增速同比回落 7 个百分点，远低于国际金融危机前的水平（见图 2）。在国家节能减排政策作用下，工业用电量增速逐步减缓，单位工业增加值用电量当月同比增速由 2009 年 11 月的 10.7% 逐步降低到 2010 年 8 月的 0.7%。

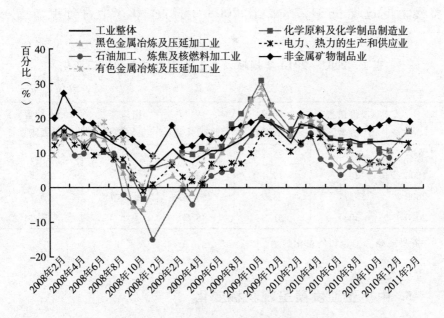

图2　六大高耗能行业增加值增速

4. 工业品内销比例持续增长

国际金融危机发生以后，政府出台一系列扩大内需的政策，对工业品需求的稳定增长提供了良好的政策环境。在相关政策措施的有力拉动下，我国消费品需求稳定增长。2010 年，社会消费品零售总额同比增长 18.4%，扣除价格因素实际增长 14.8%；从工业领域看，规模以上工业企业完成销售产值同比增长 30.7%，其中，内销产值增长 31.3%，内销产值在工业销售产值中所占比重由 2007 年同期的 81.5% 上升到 86.8%。消费需求稳步回升。同时，全年规模以上工业企业完成出口交货值 9.1

万亿元，同比增长 25.4%，与 2008 年相比提高 12.7 个百分点（见表 1）。另据海关统计，2010 年，我国外贸出口额 15779 亿美元，同比增长 31.3%，比 2008 年提高 10.5 个百分点。

表 1　2007～2010 年规模以上工业企业内销和出口变化

单位：%

年份	现价销售产值增速	内销产值增速	占销售产值比重	出口交货值增速	占销售产值比重
2007	27.3	28.7	81.5	21.4	18.5
2008	26.4	29.1	83.2	12.7	16.8
2009	5.1	8.9	86.3	−10.1	13.7
2010	30.7	31.3	86.8	25.4	13.2

资料来源：工业和信息化部。

5. 中小企业发展呈现积极变化

国务院发布关于促进中小企业发展的若干意见，为中小企业营造了进一步有利发展的外部环境。2010 年，全国规模以上中小型工业企业增加值同比增长 17.5%，增速比全部规模以上工业企业平均水平快 1.8 个百分点。2010 年 1～11 月，中小型工业企业实现利润 25944 亿元，同比增长 50.5%；上缴税金总额 14708 亿元，同比增长 28.3%；实现利润和上缴税金分别占规模以上工业企业的 66.8% 和 54.3%。

二　"后危机时期"工业经济运行趋势

从 2009 年 4 月份开始，中国工业经济企稳回升，逐步摆脱了国际金融危机的恐慌而进入"后危机时期"。然而，由于导致国际金融危机发生的实体经济层面原因并没有在短期之内得到根本的解决，因此，从世界经济来看，"后危机时期"并不会很快地度过，而是还将经历3~5年甚至更长的时间。"后危机时期"的中国工业无论在规模上，还是在全球分工体系中的地位都将得到继续提升，但在增长速度和机制上将出现一些新的特点，影响着下一阶段的工业经济运行。

1. 工业经济将进入中速增长阶段

2003年到国际金融危机发生以前，中国工业处于高速增长阶段。在此期间，中国工业增速长期保持在15%以上，甚至在很多月份达到了20%以上。在这一阶段，无论是投资、消费，还是出口都为工业增长作出了积极的贡献。中国城市化进程的加快带动了房地产行业的快速发展，从而也带动了建材、钢铁、家电、纺织等下游产业的迅速扩张。居民消费升级加快，消费对工业增长的贡献持续增强。出口迎来了增长的黄金时期，中国的外汇储备由2002年底的2864.07亿美元增长到2007年底的14336.11亿美元，增长了4倍。然而，2008年下半年开始，中国工业增速开始进入下滑的轨道。当时造成中国工业增速下滑的原因除了美国次贷危机带来的外需减少以外，更主要是生产要素价格的上升导致企业生产成本的提高，从而造成东南沿海地区大量的劳动密集型企业倒闭，而国际金融危机的爆发又进一步加剧了中国工业增速下滑的势头。也就是说，实际上，中国工业增速下滑的趋势在国际金融危机发生以前已经出现，国际金融危机仅仅是加剧了这种趋势，使其加速到来。在国际金融危机爆发情况下，政府推出的经济刺激政策仅仅延缓了工业增速下滑的时间，而不能从根本上改变这种趋势。随着政府经济刺激计划的退出，中国工业增速的继续回落不可避免。从投资上看，随着4万亿元投资计划的完成，以及货币政策由积极向稳健转变，固定资产投资增速的下滑将不可避免。2009年的那种新增固定资产投资月度增速达到60%甚至90%以上的情况在短期内不会重演。从消费上看，虽然中国的消费升级还会继续，但是居民收入在短期内难以大幅度增长。而且，房地产调控政策以及排气量1.6升及以下汽车购置税减免政策的退出，不可避免地会对工业品消费产生不利影响。从出口上看，世界经济的彻底复苏将是一个长期的过程，而且贸易保护主义的抬头也将阻碍中国出口增速的恢复。

2. 产业升级将成为工业增长的重要动力

中国工业取得了巨大的发展成就，但这种成就被更多地打上了外延式增长的烙印。很多学者通过测算中国的全要素生产率（TFP）增长率指出，中国工业的增长主要是依靠要素投入，技术进步的贡献有限，低技术进步与高投资、高增长构成了巨大反差（郑京海等，2005；郭庆旺等，2005；刘伟等，2008）。也有很多学者不同意这样的观点，认为生产率的增长来自于体现型技术进步与非体现型技术进步。中国的技术进步可能更多的是内嵌于设备资本的体现型或物化的技术进步，从而支持中国经济存在效率改进的观点（易纲等，2003；林毅夫等，2007；王小鲁等，2009）。很多学者通过实证研究进一步证明，虽然各地在工业发展中掀起了一轮又一轮的重复建设浪潮，但是这些行业的规模效率却确实有所改善（吕政等，2000；魏后凯，2001）。后来，中国经济增长与宏观稳定课题组（2010）通过测算认为，中国的资本积累增长率及其对经济增长的贡献率与全要素生产率所代表的技术进步对经济增长的贡献率表现出明显的此消彼长关系，即在快速资本积累、资本化扩张主导经济增长的时期，TFP作用就相对较弱，而当资本积累较慢、作用下降时期，TFP的作用就会上升。改革开放以来，中国工业的增长更多是源于经济资源的不断资本化，但技术进步对工业增长的贡献同样不可忽视，甚至在个别年份超过了资本积累的贡献。目前，中国工业的产能过剩问题已经十分突出，不仅是传统产业，而且包括一些新兴产业也已经出现了大量的重复建设。因此，在"后危机时期"，中国工业资本积累的速度将明显放缓，资本积累对工业增长的贡献将下降，而技术进步对工业增长的贡献将提升。与西方国家技术进步主要内化于劳动力素质的提高和知识创新不同，中国工业的技术进步更多内嵌于设备与资本，主要体现为现有产业装备技术水平的提高，从而在中国市场上实现进口替代。下一阶段，随着中国产业升级速度的加快，传统产业改造和设备更新带来的技术进步将成为工业增长的重要动力。

3. 朝阳产业和夕阳产业的边界将出现模糊

为摆脱国际金融危机，寻找支撑下一轮经济的新的增长点，抢占下一轮产业发展的制高点，西方国家纷纷把发展新能源产业、推行低碳经济、实现"再工业化"作为其应对经济危机和调整经济发展战略的重要手段。奥巴马的新能源计划的一个重要内容，就是要对制造中心进行改造，实现"再工业化"，把它们变成清洁技术的领先者。欧盟委员会制定了指引欧盟未来十年发展的《欧洲 2020 战略》，提出加大在节能减排、发展清洁能源机制、发展高新技术产业，以及教育和培训等方面上的投入，加快用低碳技术改造传统产业，谋求欧洲在未来世界低碳经济发展模式中的领先和主导地位。日本出台了未来能源开拓战略，提出要建成世界第一的环保节能国家，并在太阳能发电、蓄电池、燃料电池、绿色家电等低碳技术相关产业市场上确保所占份额第一。西方国家的这种战略调整并非利用新兴产业取代传统产业，而是利用新能源技术对传统产业进行改造，从而对现有产业的发展模式、竞争规则、分工体系产生根本性的影响，使其已经失去竞争优势的夕阳产业在植入新能源技术后有可能变成朝阳产业，重新获得竞争优势，参与国际竞争。受市场规模和技术经济因素的影响，无论是奥巴马大力推动的新能源产业，还是欧洲大力投资的"绿色经济"，以及被寄予很大希望的生物、海洋、空间产业，都很难在短期内彻底取代传统产业成为拉动全球经济增长的主要力量。但是，新能源与传统产业的融合发展以及"绿色经济"的大范围推广，却会给传统产业的发展带来深远的影响。国家之间、企业之间旧的"游戏规则"有可能得到根本性的重塑，当前的全球分工体系也将有可能出现根本性的调整。西方发达国家在发展新能源产业时，会在传统产业中建立一些新的技术标准，而只有与这些技术标准相兼容的技术才能够融入全球分工体系。能否用先进技术改造传统产业，实现新兴产业和传统产业的融合发展，将直接决定未来中国工业的国际竞争力。与西方发达国家相比，中国工业在成本上将继续维持较大的领先优势，很多被认为的夕阳产业在经过技术改造后就能够形成很强的国际竞争力，从而转变为新的朝阳产业。在未来很长一段时间里，融合了新兴产业技术的传统产业仍将是拉动中国工业增长的主导力量，而新能源等新兴产业也只有与传统产业结合以后，才能真正获得广阔的发展空间。

4. 产业转移速度将加快

国际金融危机发生以前，受人民币升值、出口退税下调、土地资源紧缺、劳动力成本上升、资源环境约束趋紧等因素的影响，东部地区向中西部地区的产业转移速度已经开始加快，大量的东部企业到中西部地区投资，将企业的加工制造环节转移到中西部地区。在国际金融危机时期，受外需大幅下滑等因素影响，东部很多企业经营困难，资金紧张，对未来市场预期下降。同时，由于2008年困扰企业的"民工荒"问题在国际金融危机下也得到了缓解，因此，东部企业进行产业转移的愿望明显降低。进入2010年以后，随着经济形势的好转，东部地区生产要素成本上升的问题又凸显出来，"民工荒"重新成为困扰东部企业的迫切问题。在这种情况下，大量东部企业开始纷纷将加工制造环节向中西部地区转移，一些跨国公司在对中国进行直接投资的时候，也更多地考虑中西部地区。2011年，随着经济形势的进一步好转，在国家区域协调政策的推动下，一些劳动密集型产业由东部地区向中西部地区转移的速度可能会进一步加快。

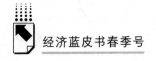
三　影响 2011 年工业经济运行的主要因素

2011 年，中国工业既面临着一些有利因素，也面临一些不利因素，但总体上看不利因素多于有利因素。工业经济运行的速度和质量将直接取决于这些因素相互作用的方式和结果，以及国家在应对这些因素中做出的反应。

（一）有利因素

1. 工业增速趋于平稳，企业信心稳步恢复

2010 年上半年，中国工业经济总体上延续了 2009 年下半年以来的企稳回升态势，保持了较快的增长速度，然而从 2010 年下半年开始，工业经济增速由较快增长转向平稳增长。2010 年全国规模以上工业企业增加值同比增长 15.7%，其中第一季度增长 19.6%，第二季度增长 15.9%，第三季度增长 13.5%，第四季度增长 13.3%。从月度增速来看，第一季度最高增速为 18.1%，最低增速为 12.8%，波动为 5.3 个百分点；第二季度最高增速为 17.8%，最低增速为 13.7%，波动为 4.1 个百分点；第三季度最高增速为 13.9%，最低增速为 13.3%，波动为 0.6 个百分点；第四季度最高增速为 13.5%，最低增速为 13.1%，波动为 0.4 个百分点。从数据上可以看出，虽然工业增速呈现下滑趋势，但波动性明显降低，反映了中国工业受国际金融危机的冲击逐步消除，开始由企稳回升转向平稳增长。在这种背景下，我国制造业投资增速在经历一段时间的回落以后重新开始转向平稳回升，也反映了工业企业信心的恢复。

2. "十一五"目标完成，"十二五"面临开局之年

中国工业在"十一五"期间取得了巨大成就。从总量上看，2010年，中国GDP达到5.879万亿美元，超越日本成为世界第二大经济体，工业增加值也从2005年的7.72万亿元增加到16万亿元左右，年均增长11%以上。从产业水平来看，载人航天、月球探测取得成功，国产新支线飞机实现首飞，特高压输变电设备、百万吨级乙烯成套装置等一批重大技术装备实现自主制造。从节能环保来看，"十一五"期间，单位规模以上工业增加值能耗累计下降25%以上，工业化学需氧量和二氧化硫排放量分别下降25%和20%左右，单位工业增加值水耗、工业固体废物综合利用率提前实现"十一五"目标。中国工业在"十一五"期间所取得的巨大成就为"十二五"期间中国工业国际竞争力的进一步提高奠定了良好基础。2011年是"十二五"的开局之年，同时面临地方换届，地方政府投资热情高涨，可能会出现新一轮的投资热。

3. 与新兴市场双边贸易快速增长

2010年，中国与东盟、韩国、巴西、澳大利亚、印度、俄罗斯、南非等新兴市场双边贸易快速增长，如表2所示。其中，与东盟双边贸易总值达2928亿美元，比上年同期增长37.5%；与韩国双边贸易总值达2072亿美元，同比增长32.6%。巴西和印度成为我国第9和第10大贸易伙伴，双边贸易总值分别为625和618亿美元，分别增长47.5%和

42.4%。此外，中国与俄罗斯和南非双边贸易总值分别增长43.1%和59.5%。

表2　2010年进出口商品主要国别（地区）总值表

主要贸易伙伴	进出口总值(亿美元)	同比增速(%)
欧　　盟	4797	31.8
美　　国	3853	29.2
日　　本	2978	30.2
东　　盟	2928	37.5
香　　港	2306	31.8
韩　　国	2072	32.6
台　　湾	1454	36.9
澳大利亚	881	46.5
巴　　西	625	47.5
印　　度	618	42.4
俄 罗 斯	554	43.1
南　　非	256	59.5

资料来源：海关统计。

（二）不利因素

1. 通货膨胀压力增大，企业生产成本上升

国际金融危机下，国家为刺激经济复苏采取了宽松的货币政策，流动性过剩逐步积累。从货币发行数量看，2009年末狭义货币（M1）、广义货币（M2）同比分别增长32.4%、27.7%，而在2007年末这两个指标分别为21.1%、16.7%。2010年末，狭义货币（M1）余额为26.66万亿元，同比增长

21.2%；广义货币（M2）余额为72.58万亿元，同比增长19.7%，增幅超过年初预定的17%的目标。从银行贷款来看，2009年我国全年新增人民币贷款共计9.59万亿元，几乎是2008年新增人民币贷款规模的两倍。2010年全年人民币贷款增加7.95万亿元，超出年初制定的7.5万亿元新增信贷规模。在流动性过剩的压力下，从2010年7月开始，我国居民消费价格指数同比增长率不断攀升，从7月的3.3%到11月的5.1%，再到12月的4.6%。食品消费价格指数从2010年1月的3.7%持续上涨至11月的11.7%，再到12月的9.6%。同时，企业原材料、燃料及动力购进价格增幅与工业品出厂价格增幅形成"倒挂"，直接挤占了企业利润。2010年，工业品生产者出厂价格累计同比上涨5.5%，工业品生产者购进价格累计同比上涨9.6%，高出工业品出厂价格涨幅4.1个百分点。过快上涨的能源、原材料价格会通过产业链向下游行业传导，并最终传导到消费环节，对居民消费价格稳定形成压力。目前，虽然国家的货币政策已经从积极转向稳健，但已经积累的流动性却无法在短期内得到消除，而且国际大宗商品价格的持续高涨也会进一步增大国内通胀的压力。

2. 4万亿元投资计划已经基本完成，扩内需政策处于新旧转换阶段

中国应对国际金融危机的扩内需政策主要可以分为两个部分。一是4万亿元投资计划，主要用于铁路、公路、机场、水利等重大基础设施建设和城市电网改造，汶川地震灾后恢复重建，廉租住房、棚户区改造等保障性住房，农村水电路气房等民生工程和基础设施投资，以及自主创新和产业结构调整，等等。二是十大产业调整振兴规划中的扩内需政策，主要包括排气量1.6升及以下乘用车购置税减免，农机、汽车、家电三下乡，3G网络建设投资，国产首台套装备政策，等等。扩内需政策的出台对于提振市场信心，促进产业国际竞争力提高，加强经济社会发展薄弱环节建设，保持国民经济平稳较快增长起到了十分积极的作用。然而，2010年是这些扩内需政策发挥作用的最后一年，2011年扩内需政策处于新旧转换阶段。"十二五"规划中提出要建立扩内需的长效机制，通过收入分配改革、提供更多的就业机会、完善社会保障体系来提高居民的消费能力。相比于国际金融危机下的短期刺激政策，这一政策更有利于发挥市场在资源配置中的作用，避免了直接的行政性调控，因此，有利于减少政策对市场机制的破坏，维持了经济的内生动力机制。然而，也正因为没有采取直接的行政干预，新的扩内需政策可能难以在短期之内真正发挥作用。

3. 世界经济复苏缓慢，对华贸易保护进一步加剧

2010年以来，随着各国刺激政策效应的明显减弱，库存回补接近尾声，加上主权债务危机等新生不确定性因素的影响，世界经济增长呈现持续减缓的态势。据联合国预测，2011年世界经济将增长3.1%，比2010年回落0.5个百分点；全球贸易量将增长6.6%，比2010年放缓3.9个百分点。据国际货币基金组织（IMF）预测，2011年世界经济增长4.2%，比2010年回落0.6个百分点；全球贸易量将增长7%，比2010年放缓4.4个百分点。随着世界经济步入复苏，2010年以来全球贸易救济数量大幅度下降。2010年上半年，世界贸易组织成员在全球范围内发起反倾销调查69起，反补贴调查5起，分别较上年同期下降29%和44%。然而，对华发起的贸易调查继续呈高发态势，并呈现以下特点：一是摩擦形式无形化即以知识产权、技术性壁垒形式出现；二是摩擦对象正由发达国家向新兴国家和发展中国家蔓延；三是涉及的产品从传统的劳动密集的纺织品和化工产品向能源、电子信息技术等新兴产业扩展。2010年1~11月，中国共遭遇来自19个国家或地区发起的56起贸易救济调查案件，涉案金额70亿美元。此外，美国对我国发起了知识产权337调查19起，301调查1起。贸易保护主义加剧已成为阻碍我国产品出口的重要因素。

4. 房地产业调控力度加大

国际金融危机爆发时期，国家一度放松了对房地产行业的调控力度，例如，下调房地产企业资本金比例，下调首付比率，实施房贷利率优惠等，结果带来了房价的飞涨。2010年，国家出台了几轮被称为世上最严厉的房地产调控政策，例如，"国十一条"、"新国十条"、"新国五条"等。结果，在房地产业调控政策的"围追堵截"之下，尽管房价仍然上涨，但涨幅有所收窄，宏观调控取得一定成效。进入2011年以后，国家高调出台"新国八条"，并在上海、重庆试征房产税。从中央有关文件来看，中国将主要从加快保障房建设、严格土地管理、采取信贷杠杆、加强外资进入房地产业的管理等方面加强对房地产市场的管理。2011年我国将开工保障性住房1000万套，并且保障性住房及中低价位商品房土地供应将继续保持

70%以上。目前，针对房地产价格的连续高压调控政策已经形成。房地产业由于其基础性、支柱性以及先导性的特征，对其他产业的发展存在极其广泛的前向、后向与环向关联作用。据估计，房地产开发投资通过关联产业和拉动消费对经济增长的总贡献率超过20%，房地产业调控力度的加大必然对工业增长造成影响。

四　2011 年工业经济增速预测

中国社会科学院工业经济研究所课题组建立了 VAR 模型和 SARIMA 模型，分别对规模以上工业企业增加值增速进行预测，然后将二者的预测结果进行平均，作为 2011 年工业增加值的最终预测值。其中，VAR 模型的结果更多是反映外生变量对工业增加值的影响，而 SARIMA 模型更多是反映工业企业增加值数据自身的规律性和趋势性。模型预测，2011 年中国工业进入中速平稳增长阶段，全年增速将维持在 12.4% 左右。

（一）模型建立

1. VAR 模型

选择工业增加值（ZJZ）、汽车产量（CAR）、发电量（ELEC）、原油加工量（OIL）、粗钢产量（STEEL）、商品房新开工面积（FDC）、固定资产投资完成额（FIX）、社会消费品零售总额（SALE）、工业制成品（SITC1）出口总值、工业制成品（SITC2）进口总值共 10 个指标的同比增长率建立 VAR（2）模型，选择 1996 年 2 月至 2010 年 12 月为模型估计期间。数据主要源于中经数据库，如数据库中没有当月同比增速数据，则利用当月值、累计值数据推算同比增速①。单位根检验结果显示，各变量均为平稳序列。当最大滞后阶数为 6 时，FPE、AIC 标准确定的阶数为 2，SC、HQ 标准确定的阶数为 1，LR 标准确定的阶数为 3，选择模型的滞后阶数为 2，获得结果如下。其中，调整 $R-square = 0.86$，F 统计量 $= 52.48$，样本期间为 1996 年 2 月至 2010 年 12 月，共 163 个观测值用于计算。

$$ZJZ\ (t) = 1.850 + 0.530 \times ZJZ\ (t-1) + 0.193 \times ZJZ\ (t-2) +$$
$$0.096 \times STEEL\ (t-1) - 0.054 \times STEEL\ (t-2)$$
$$[3.04] \quad [5.51] \quad [2.02] \quad [3.40] \quad [-1.80]$$
$$-0.027 \times OIL\ (t-1) + 0.001 \times OIL\ (t-2) + 0.079 \times ELEC\ (t-1) +$$
$$0.019 \times ELEC\ (t-2) + 0.013 \times CAR\ (t-1)$$
$$[-1.12] \quad [0.04] \quad [1.40] \quad [0.31] \quad [1.20]$$
$$+0.001 \times CAR\ (t-2) + 0.026 \times FIX\ (t-1) - 0.011 \times FIX\ (t-2) -$$
$$0.003 \times FDC\ (t-1) - 0.003 \times FDC\ (t-2)$$
$$[0.11] \quad [1.86] \quad [-0.81] \quad [-0.62] \quad [-0.58]$$

---

① 汽车产量、发电量、粗钢产量、社会消费品零售总额在 1995 年以前只有当月值，没有当月同比增速，本文用当月值除以上年同月值计算当月同比增速，从 1995 年起直接使用公布的当月增速数据。原油加工量从 1997 年起公布同比增速，处理方法类似。固定资产投资完成额、商品房本年新开工面积只有累计值和累计增速，本文用当月累计值减去上月累计值来计算当月值，再除以上年同月值计算得到同比增速。固定资产投资完成额、商品房本年新开工面积不公布 1 月的数据，工业增加值增速从 2006 年起不公布 1 月的数据，为使各变量之间一致，本文用所有变量在 1 月至 2 月的累计同比增速作为每年 2 月的增速数据，若未公布累计增速则用 1 月和 2 月的当月值合计作为 2 月的累计值来计算累计同比增速。

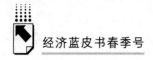

$$+ 0.007 \times \text{SALE} \ (t-1) - 0.007 \times \text{SALE} \ (t-2) \ +$$

$$0.006 \times \text{SITC1} \ (t-1) \ + 0.003 \times \text{SITC1} \ (t-2)$$

$$[0.08] \quad\quad [-0.07] \quad\quad\quad [0.41] \quad\quad\quad [0.22]$$

$$- 0.012 \times \text{SITC2} \ (t-1) - 0.005 \times \text{SITC2} \ (t-2)$$

$$[-0.76] \quad\quad [-0.35]$$

2. SARIMA 模型

选取 2003 年 1 月至 2011 年 2 月作为样本期，并根据研究需要选取 2011 年 3 月至 2011 年 12 月作为预测期。样本期内部分月份缺乏原始数据，因此根据国家统计局发布的相关数据推算得到。由于工业企业增加值增速为按可比价格计算的增速，因此不需要另行做价格调整。为消除可能存在的异方差，首先对样本期的工业企业增加值增速取对数。然后通过观察样本期的对数形式数据的自相关图与偏自相关图，可以判断其在上述样本期间存在季节性。在使用一次季节差分进行调整之后，根据单位根检验的结果判断，为一阶单整过程。使用对数形式数据反复试验，确定 5 个备选 SARIMA 模型。为使预测结果更为准确，拟使用上述 5 个备选 SARIMA 模型进行组合预测。预测结果采用误差平方损失函数和误差绝对值损失函数进行评价。

$$(1 - \varphi_1 L)(\Delta\Delta_s^{12}\ln y_t) = (1 + \theta_{11}L^{11} + \theta_{12}L^{12})v_t$$

$$(1 - \varphi_1 L)(\Delta\Delta_s^{12}\ln y_t) = (1 + \theta_2 L^2 + \theta_4 L^4)v_t$$

$$(1 - \varphi_{12}L^{12})(\Delta\Delta_s^{12}\ln y_t) = (1 + \theta_1 L + \theta_2 L^2)v_t$$

$$(1 - \varphi_{12}L^{12})(\Delta\Delta_s^{12}\ln y_t) = (1 + \theta_1 L)v_t$$

$$(\Delta\Delta_s^{12}\ln y_t) = (1 + \theta_1 L + \theta_{12}L^{12} + \theta_{13}L^{13})v_t$$

（二）预测结果

利用 EVIEWS 软件对上述模型进行计算，获得 2011 年中国工业企业增加值增速预测数据，如表 3 所示。其中，用 VAR 模型预测的结果明显低于 SARIMA 模型的预测结果。这说明如果从工业企业增加值变动的历史趋势来看，2011 年中国工业仍将保持一个较快的增长速度，基本与 2010 年下半年保持持平或者略高。但如果从一些能够反映工业增加值增速变动趋势的先行指标来看，那么进入 2011 年以后，中国工业增加值增速将面临一个明显下滑的过程，全年增速明显低于 2010 年下半年。综合这两个模型后认为，2011 年工业增加值增速会呈现回落趋稳的态势，5 月份下滑的压力最大，全年增速基本会维持在 12.4% 左右。

表 3　2011 年 3 月份以后工业企业增加值月度同比增速预测

单位：%

月　份	VAR 模型预测值	SARIMA 模型	最终预测值
2011 年 3 月	11.8	13.6	12.70
2011 年 4 月	11.3	14.3	12.80
2011 年 5 月	11.1	12.2	11.65
2011 年 6 月	10.9	14.2	12.55
2011 年 7 月	10.8	13.2	12.00
2011 年 8 月	10.9	13.9	12.40
2011 年 9 月	11.0	13.2	12.10
2011 年 10 月	11.1	13.7	12.40
2011 年 11 月	11.3	14.0	12.65
2011 年 12 月	11.6	14.2	12.90

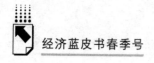
（三）进一步分析

任何模型预测在适用范围上都存在局限性，本文中使用的模型同样如此。本文模型的适用情景是 2011 年工业运行的外部环境基本延续 2010 年下半年的情况，在相关政策、世界经济形势等方面不发生大的冲击。如果 2011 年国家出台新的内需刺激政策，降低节能环保要求，加大固定资产投资，或者世界经济形势发生超出预期的好转，那么 2011 年工业增加值的实际增速将显著高于模型的预测结果；相反，如果国家在结构调整方面出现一些新的大的动作，世界经济出现一些新的突发事件，那么 2011 年工业增加值的实际增速可能比模型预测更低。但总体上看，2011 年中国工业将进入中速稳定增长阶段，而这也符合经济发展的客观规律。同时，课题组利用 SARIMA 模型对 2011 年拉动工业增长"三驾马车"的变动趋势进行了分析预测，获得以下结论。

1. 消费将出现一定幅度下滑

模型预测结果显示，2011 年消费品零售总额月度增速将在震荡中下滑，在 5 月份达到最低点，然后开始逐步回升。从全年来看，消费品零售总额增速将比 2010 年下滑 3~5 个百分点。

2. 投资增速将持平或略低于 2010 年下半年的水平

模型预测结果显示，2011 年固定资产投资增速在第二季度有可能会出现较大幅度下滑，然后第三季度有所回升。从全年来看，固定资产投资增速将比 2010 年全年下滑 2~3 个百分点。

3. 工业制成品出口将出现震荡下滑

模型预测结果显示，工业制成品出口增速在 3、4 月份可能会达到高点，而到了 5、6 月份又会迅速跌到低点。月度同比增速的最高点和最低点之间差距可能会达到 20 个百分点以上。从全年来看，工业制成品出口增速将低于 2010 年水平，差距甚至可以达到 10 个百分点。

五　政策建议

2011 年中国工业将进入新的发展阶段。国家应调低工业增速预期，在维持工业平稳增长的基础上，将调整产业结构、促进工业的转型升级作为政策重点。

1. 调低工业增速预期

2003 年以来，中国工业迎来了发展的黄金时期，直到国际金融危机发生以前，中国工业增加值年度增速均保持在 16% 以上，甚至在处于国际金融危机恢复期的 2010 年，也达到了 15.7%。然而，长时期的高速增长以后必然会伴随一段时期的增速回落，这是经济系统自我调整的需要。也只有这样，中国工业才可能在新的起点上实现更高层次的发展。预计 2011 年，中国工业增长将开始逐步降速，年度增速可能会比 2010 年下滑 3~4 个百分点，尤其是年中的一段时期面临的工业增速下滑压力更大。在这种情况下，国家应始终将促进工业转型升级作为政策的重心，避免部分地方政府因为过度追求经济增长速度而放松了对"调结构"的要求。2011 年是重点产业调整振兴规划期的最后一年，要把全面贯彻落实重点产业调整振兴规划作为重要任务，抓紧落实和组织实施好振兴规划中促进产业转型升级的各项政策措施，努力完成调整振兴规划确定的各项目标。同时，注重研究中国工业在"后危机时期"面临的新情况、新问题，积极探索新形势下结构调整的新思路、新办法。

2. 加快技术改造

技术改造是在当前条件下提高我国产业国际竞争力的最有效途径之一。与过去重视高新技术产业而忽视传统产业不同，技术改造打破了行业界限，十分注重用先进适用技术改造传统产业，尤其关注农机具、基础件等基础性产业和民生产业，因而能够更全面地提升我国产业的技术水平，夯实产业发展基础。下一阶段，技术改造的重点应当集中在三个方面。一是用先进适用技术改造传统产业。通过技术引进和自主创新等多种手段，更新传统产业的机器设备，加强技术研发投入，促使其提高生产效率，促使其向产业链的高端延伸。二是用绿色经济改造传统产业。加强新能源、低碳经济、应对全球气候变化等领域的国际合作，促进节能环保技术的产业化应用。三是推进信息化与工业化深度融合。组织实施集成电路、平板显示、关键元器件等核心基础产业跃升计划，增强电子信息产业核心竞争力。发展提升软件业，支持互联网基础软件、嵌入式软件等研发与产业化。加快推进三网融合，推动广电、电信业务双向进入，加快业务推广和网络建设改造。

3. 培育发展战略性新兴产业

战略性新兴产业市场潜力大、技术含量高，对提高我国工业在世界中的地位有着重要的战略意义。发展战略新兴产业既依赖于技术创新，又依赖于制度创新。在技术创新方面，应重点支持生物医药、新型功能材料、新能源装备等核心技术的研发；重点支持核心电子器件、高端芯片、基础软件、新一代移动通信、下一代互联网、物联网、智能制造装备、轨道交通装备、海洋工程装备等技术研发和产业化。在制度创新方面，应进一步深化科技体制改革，革除现有体制中阻碍技术创新的障碍，建立战略性新兴产业创新型人才培养制度和科技创新激励制度；加强知识产权的创造、运用、保护与管理，为已有科技成果及科技成果的产业化提供法律保护和制度支持；鼓励知识产权融资方式的创新，为科技成果迅速转化为生产力寻求资金支持；加强物联网、新能源汽车、三网融合、信息技术服务、云计算等标准制定。

4. 推动企业兼并重组

企业并购高潮的兴起与衰退往往与经济周期的交替相联系，美国前四次企业并购浪潮均发生在由萧条转向复苏的时期。因此，2011 年将是推动企业兼并重组，优化产业组织结构的良机。虽然兼并重组是一种企业以追求效率为目的的市场行为，但是政府在其中同样需要发挥重要作用。尤其是在中国这种市场化改革没有完成、某些体制上的矛盾没有完全理顺、生产要素的自由配置和流动存在较多障碍的情况下，政府的这种作用就尤为重要。一是消除企业兼并重组中面临的各种障碍，为企业兼并重组提供良好外部条件。为企业兼并重组提供指导意见，使企业兼并重组行为符合国家产业政策方向；消除跨地区重组所面临的体制障碍和地区保护主义障碍，降低企业跨地区兼并重组成本；加快实现金融创新，为企业兼并重组提供金融支持；改善企业经营环境，完善市场竞争机制，清除导致企业间不公平竞争的不利因素；加快完善社会保障系统，完善失业保险制度。二是提供国家援助，做好人员安置工作。兼并重组是一种市场行为，更多需要依靠市场手段和社保系统来解决人员安置问题，但在目前社保系统和相关制度尚未完善的情况下，对兼并重组中的利益受损者提供国家援助是非常必要的。应尽量减少兼并重组中造成的失业员工数量，而对于那些确实难以安置的人员，要制定合理的补偿标准，坚持公平、公开的原则，帮助其实现下岗再就业。

参考文献

魏后凯：《从重复建设走向有序竞争》，人民出版社，2001。

中国社会科学院工业经济研究所：《2010 年中国工业发展报告》，经济管理出版社，2010。

国家信息中心经济预测部宏观经济政策分析课题组：《战略性新兴产业助力经济振兴》，2010 年 8 月 18 日《中国证券报》。

金碚：《国际金融危机与中国工业化形势》，2009 年 6 月 22 日《人民日报》理论版。

郭庆旺、贾俊雪：《中国全要素生产率的估算：1979～2004》，《经济研究》2005 年第 6 期。

林毅夫、任若恩：《东亚经济增长模式相关争论的再探讨》，《经济研究》2007 年第 8 期。

刘伟、张辉：《中国经济增长中的产业结构变迁和技术进步》，《经济研究》2008 年第 11 期。

吕政、曹建海：《竞争总是有效率的吗？——兼论过度竞争的理论基础》，《中国社会科学》2000 年第 6 期。

王小鲁、樊纲、刘鹏：《中国经济增长方式转换和增长可持续性》，《经济研究》2009 年第 1 期。

易纲、樊纲、李岩：《关于中国经济增长与全要素生产率的理论思考》，《经济研究》2003 年第 8 期。

原磊：《国际金融危机下中国企业并购行为研究》，《宏观经济研究》2010 年第 7 期。

郑京海、胡鞍钢：《中国改革时期省际生产率增长变化的实证分析》，《经济学》2005 年第 2 期。

中国经济增长与宏观稳定课题组：《资本化扩张与赶超型经济的技术进步》，《经济研究》2010 年第 5 期。

工业和信息化部运行监测协调局、中国社会科学院工业经济研究所：《2010 年中国工业经济运行报告》2010 年第 9 期。

B.4
确保农产品有效供给
稳定增加务农收入

张晓山*

摘　要： 2010 年全国要在"稳粮保供给、增收惠民生、改革促统筹、强基增后劲"的基本思路指导下，毫不松懈地抓好农业农村工作，继续为改革发展稳定大局作出新的贡献。2011 年粮食产量有望继续保持较高水平，粮食价格总水平上涨比上年减缓，农民人均纯收入有望保持 8% 以上的增长。确保粮食生产稳定在较高水平和增加农业生产经营者的收入仍是农业和农村工作要实现的首要目标。

关键词： 农业经济　粮食价格　农业收入

2010 年初颁布的中央一号文件曾提出：要按照"稳粮保供给、增收惠民生、改革促统筹、强基增后劲"的基本思路，毫不松懈地抓好农业农村工作，继续为改革发展稳定大局作出新的贡献。应该说，2010 年农业和农村工作在这几个方面都取得

---

* 张晓山，中国社会科学院农村发展研究所。

了重大成就。展望 2011 年，确保粮食生产稳定在较高水平和增加农业生产经营者的收入仍是农业和农村工作要实现的首要目标。

一　回顾 2010 年农业和农村经济形势与对 2011 年的展望

（一）粮食连续 7 年增产、总产创新高

2010 年粮食种植面积 10987 万公顷，比上年增加 89 万公顷；棉花种植面积 485 万公顷，减少 10 万公顷；油料种植面积 1397 万公顷，增加 32 万公顷；糖料种植面积 192 万公顷，增加 3 万公顷。

全年粮食产量 54641 万吨，比上年增加 1559 万吨，增产 2.9%。其中，夏粮产量 12310 万吨，减产 0.3%；早稻产量 3132 万吨，减产 6.1%；秋粮产量 39199 万吨，增产 4.8%。自 2004 年以来，粮食连续 7 年增产，总产和粮食平均亩产都达到历史最高水平。因播种面积扩大增产粮食 441 万吨，对粮食增产的贡献率为 28.3%；因单产提高增产粮食 1118 万吨，对粮食增产的贡献率达到 71.7%。但人均占有粮食产量这项指标还低于 1996 年和 1998 年的水平（见表 1）。2010 年全年棉花产量 597 万吨，比上年减产 6.3%。油料产量 3239 万吨，增产 2.7%。糖料产量 12045 万吨，减产 1.9%。

2010 年肉类总产量 7925 万吨，比上年增长 3.6%。其中，猪肉产量 5070 万吨，增长 3.7%；牛肉产量 653 万吨，增长 2.7%；羊肉产量 398 万吨，增长 2.2%。生猪年末存栏 46440

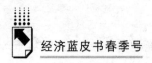

表 1　粮食产量与面积的变动情况

年份	粮食总产量 （万吨）	粮食作物播种面积 （万亩）	粮食单位面积产量 （公斤/亩）	按人口平均的粮食 产量(公斤/人)
1978	30477	180881	168	318.7
1980	32056	175851	182	326.7
1985	37911	163268	232	360.7
1990	44624	170199	262	393.1
1995	46662	165090	283	378.3
1996	50454	168822	299	414.4
1997	49417	169368	292	401.7
1998	51230	170681	300	412.4
1999	50839	169741	300	405.5
2000	46218	162694	284	366.1
2001	45264	159120	284	355.9
2002	45706	155836	293	357.0
2003	43067	149115	289	333.3
2004	46947	152415	308	361.2
2005	48401	156405	309	370.2
2006	49746	158070	315	378.4
2007	50160	158295	317	379.6
2008	52850	160050	330	398.0
2009	53082	163455	325	397.7
2010	54641	164805	332	407.5

注：《中国农村经济形势分析与预测》的数据是依据当年的统计公报，最终统计数字可能有所变动。

资料来源：国家统计局农村社会经济调查总队：《中国农村经济主要数据 1978 ~ 2002》，历年《中国农村经济形势分析与预测》，《中华人民共和国 2010 年国民经济和社会发展统计公报》。

万头，下降 1.2%；生猪出栏 66700 万头，增长 3.3%。禽蛋产量 2765 万吨，增长 0.8%。牛奶产量 3570 万吨，增长 1.5%。水产品产量 5366 万吨，增长 4.9%。

（二）农民收入保持较快增长

据对全国 31 个省（自治区、直辖市）6.8 万个农村住户的抽样调查，2010 年农村居民人均纯收入 5919 元，同比增加 766 元，增长 14.9%。剔除价格因素影响，实际增长 10.9%，增速比 2009 年提高 2.4 个百分点（见表 2）。

表 2　农民人均纯收入的变化

年度	名义收入（元）	名义增长率（%）	实际收入（元）	实际增长率（%）
1985	397.60	11.90	383.05	7.80
1986	423.76	6.58	410.32	3.20
1987	462.55	9.15	445.79	5.20
1988	544.94	17.81	491.69	6.30
1989	601.51	10.38	536.22	−1.60
1990	686.31	14.10	667.62	11.00
1991	708.55	3.24	700.04	2.00
1992	783.99	10.65	750.35	5.90
1993	921.62	17.56	809.08	3.20
1994	1221.00	32.50	967.70	5.00
1995	1577.74	29.20	1282.00	5.00
1996	1926.07	22.00	1720.02	9.00
1997	2090.13	8.50	2014.60	4.60
1998	2162.00	3.40	2179.87	4.30
1999	2210.00	2.20	2244.16	3.80
2000	2253.00	1.90	2256.00	2.10
2001	2366.40	5.00	2347.63	4.20
2002	2476.00	4.63	2480	4.80
2003	2622.00	5.90	2582	4.30
2004	2936	11.98	2800	6.80
2005	3255	10.8	3118	6.2
2006	3587	10.2	3496	7.4
2007	4140	15.4	3928	9.5
2008	4761	15.0	4471	8.0
2009	5153	8.2	5166	8.5
2010	5919	14.9	5715	10.9

注：表中实际收入为扣除当年价格因素的人均纯收入。

资料来源：历年《中国统计年鉴》和《中华人民共和国 2010 年国民经济和社会发展统计公报》。

2010 年农村居民生活消费支出人均4382 元，比 2009 年增加 388 元，增长 9.7%，剔除价格因素影响，实际增长 5.9%。其中，商品性支出人均 3120 元，增加 282 元，增长 10%；服务性支出人均 1262 元，增加 106 元，增长 9.2%。

2010 年农村居民家庭恩格尔系数（家庭食品消费支出占家庭消费总支出的比重）为 41.1%，与上年基本持平。城镇居民家庭恩格尔系数为 35.7%，比上年下降了 0.8 个百分点。

（三）2010 年农民收入来源与构成的变动情况

2010 年，农民人均纯收入 5919 元中，家庭经营纯收入 2833 元，比 2009 年增加 306 元，增长 12.1%；家庭经营纯收入占纯收入的比重为 47.90%，比 2009 年回落 1.14 个百分点，仍是农村居民占第一位的收入来源。在家庭经营纯收入中，第一产业（大农业）纯收入人均 2231 元，比上年增加 243 元，增长 12.2%。第一产业中人均种植业纯收入达到了 1723 元，比上年增加 225 元，名义增长 15.0%。人均畜牧业纯收入 356 元，比上年减少 5 元，在 2009 年下降 9.3% 的基础上，继续下降 1.4%。

2010 年农村居民工资性收入人均 2431 元，增加 370 元，增长 17.95%，占纯收入的比重为 41.07%。在工资性收入中，外出务工收入人均 1015 元，增加 165 元，增长 19.4%。财产性收入人均 202 元，增加 35 元，增长 21%，占纯收入的比重为 3.41%。转移性收入人均 453 元，增加 55 元，增长 13.8%，占纯收入的比重为 7.65%。财产性和转移性收入两项之和占农民人均纯收入的比重为 11.06%，比 2009 年提高 0.10 个百分点（见表 3）。

表 3　主要年度农民人均纯收入中各项来源所占比重

年份	纯收入（元）	1. 工资性劳动报酬收入占比（%）	2. 家庭经营纯收入占比（%）	其中		3. 转移性及财产性收入占比（%）
				种植业（%）	畜牧业（%）	
1985	397.60	18.04	74.44	48.15	11.16	7.52
1990	686.31	20.22	75.56	51.99	9.52	4.22
1995	1577.74	22.42	71.35	49.13	7.08	6.23
1996	1926.07	23.41	70.74	47.99	7.32	5.86
1997	2090.13	24.62	70.46	45.12	8.84	4.92
1998	2162.00	26.55	67.81	42.97	7.82	5.64
1999	2210.00	28.52	65.54	39.91	7.14	5.94
2000	2253.00	31.11	63.39	34.80	9.19	5.50
2001	2366.40	32.63	61.66	34.07	8.88	5.71
2002	2476.00	33.93	60.05	32.63	8.52	6.02
2003	2622.00	35.05	58.73	33.79	9.38	6.20
2004	2936.00	33.99	59.47	35.97	9.23	6.57
2005	3255	36.10	56.68	33.73	8.73	7.22
2006	3587	38.33	53.83	32.34	7.42	7.83
2007	4140	38.55	53.00	31.50	8.09	8.45
2008	4761	38.94	51.17	29.97	8.36	9.89
2009	5153	40.00	49.04	29.07	6.99	10.96
2010	5919	41.07	47.90	29.11	6.01	11.06

资料来源：根据历年的《中国农村经济形势分析与预测》推算。

从表 4 可以看出，2010 年农民人均纯收入构成的变化直接受人均纯收入增量的来源及数额的影响。

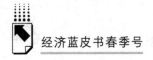

表4 2010年农民人均纯收入增量的来源与贡献率

项　目	农民人均纯收入增量（元）	对纯收入增量的贡献率（%）
2010年	766	100.00
工资性劳动报酬收入	370	48.30
家庭经营收入	306	39.95
其中:第一产业生产经营收入	243	31.72
其中:种植业收入	225	29.37
畜牧业收入	-5	-0.6
第二、三产业收入	63	8.22
财产性收入	35	4.57
转移性收入	55	7.18

资料来源：根据《2010～2011年中国农村经济形势发展报告》有关数据整理。

1. 农户家庭经营收入增长对农民增收的贡献率比2009年大幅增加

受粮食、蔬菜、棉花等主要农产品价格大幅上涨的影响，农村居民农业纯收入大幅增长，对增收的贡献率大幅度提高。2010年农村居民人均家庭经营纯收入的增加额对全年农民增收的贡献率为39.95%，比2009年的贡献率上升了16.74个百分点。

2010年，在家庭经营纯收入中，农村居民家庭经营人均第一产业（大农业）纯收入对农民增收的贡献率为31.72%，比上年上升了21.01个百分点。其中，人均种植业纯收入对农民增收的贡献率为29.37%，比上年上升了11.26个百分点。人均畜牧业纯收入对农民增收的贡献率为-0.6%，由于2010

年下半年生猪价格开始回升，畜牧业对农民增收的贡献相对于上年还增加了9.09个百分点。

农村居民家庭人均从事第二、第三产业的非农生产经营纯收入保持稳定增长，对农民增收的贡献率为8.22%，比上年降低了4.02个百分点。

2. 2010年农民工资性收入的增量对当年农民增收的贡献率仍保持较高水平

2010年，全年农民工总量为24223万人，比上年增长5.4%。其中，外出农民工15335万人，比2009年增加了802万人，增长5.5%；本地农民工8888万人，增长5.2%。农民工月均收入达到1690元，比2009年增加273元，增长19.3%。在这一形势下，2010年农村居民人均工资性收入的增加额对当年农民增收的贡献率为48.30%，仍保持较高水平。但由于农民家庭经营收入增长较快，其工资性收入对增收的贡献率比上年降低了4.51个百分点。

3. 财产性收入增长对农民增收的贡献率略有下降

2010年农村居民人均财产性收入的增量对当年农民增收的贡献率为4.57%，比上年略低，下降了0.28个百分点。

4. 转移性收入对农民增收的贡献率较大幅度下降

2010年，农村居民人均转移性收入的增量为55元，增长13.8%，增速同比下降9.3个百分点，是2004年以来增速最低的一年。其中，4项农业生产补贴收入（包括粮食直补、农资综合补贴、良种补贴、农机具购置补贴）人均118元，增加8元，增长6.9%；离退休金、养老金人均113元，增加28

元,增长 32.9% ;报销医疗费人均 27 元,增加 7 元,增长 36.6% ;领取最低生活保障收入人均 12 元,增加 3 元,增长 29.6% 。在这种形势下,农民人均转移性收入的增量对农民增收的贡献率也由 2009 年的 19.13% 下降为 7.18% ,大幅下降了 11.95 个百分点。

(四) 城乡居民收入差距有所缩小

2010 年,农村居民人均纯收入为 5919 元,剔除价格因素,比上年实际增长 10.9% ;城镇居民人均可支配收入 19109 元,实际增长 7.8% 。从名义收入看,2010 年城乡居民人均收入比例为 3.23∶1,收入差距比上年有所缩小(见表 5)。

表5 城乡居民名义收入的差距

年份	城市居民人均可支配收入(元)	农村居民人均纯收入(元)	城乡比率
1978	343.4	133.6	2.57∶1
1980	477.6	191.3	2.50∶1
1985	739.1	397.6	1.86∶1
1990	1510.2	686.3	2.20∶1
1991	1700.6	708.6	2.40∶1
1992	2026.6	784.0	2.58∶1
1993	2577.4	921.6	2.80∶1
1994	3496.2	1221.0	2.86∶1
1995	4283.0	1577.7	2.71∶1
1996	4838.9	1926.1	2.51∶1
1997	5160.3	2090.1	2.47∶1
1998	5425.1	2162.0	2.51∶1

续表 5

年份	城市居民人均可支配收入(元)	农村居民人均纯收入(元)	城乡比率
1999	5854.0	2210.3	2.65∶1
2000	6280.0	2253.4	2.79∶1
2001	6859.6	2366.4	2.90∶1
2002	7703	2476	3.11∶1
2003	8472	2622	3.23∶1
2004	9422	2936	3.21∶1
2005	10493	3255	3.22∶1
2006	11759	3587	3.28∶1
2007	13786	4140	3.33∶1
2008	15781	4761	3.31∶1
2009	17175	5153	3.33∶1
2010	19109	5919	3.23∶1

资料来源：历年《中国统计年鉴》和《中华人民共和国 2010 年国民经济和社会发展统计公报》。

按 2010 年农村贫困标准人均纯收入 1274 元测算，2010 年末农村贫困人口为 2688 万人，比上年末减少 909 万人。

（五）农产品贸易逆差扩大

据中国海关数据，2010 年，我国农产品进出口总额首次超过千亿美元，达到 1207.7 亿美元，比上年增长 32.2%，改变了 2009 年农产品进出口总额下降的走势；农产品出口金额 488.7 亿美元，比上年增长 24.7%；农产品进口金额 719.0 美元，比上年增长 37.8%；农产品国际贸易逆差由上年的 129.6 亿美元扩大到 230.3 亿美元，比上年增长 77.7%。

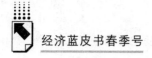
2010年世界经济恢复性增长的同时，中国农产品贸易出现了历史上最大的逆差值。其主要原因：一是我国农产品进口数量增加，二是国际农产品价格上涨。从主要进口农产品来看，大豆、食用植物油、棉花的大量进口是造成农产品贸易逆差扩大的主要原因。其中，大豆进口量约5480万吨，占全球大豆贸易量的58%，进口额达250.7亿美元，超过我国农产品进出口贸易逆差金额，大豆进口金额占农产品进口金额的34.91%；食用植物油进口量为922.3万吨，进口额达82.3亿美元；棉花进口量为283.7万吨，进口额达56.6亿美元。这三种农产品的逆差额占全部农产品逆差额的167.5%。我国农产品国际贸易逆差的扩大，表明我国大豆等农产品对国际市场的依赖程度进一步提高，

（六）农村社会事业发展迅速

2010年农村社会事业得到长足的发展，最低生活保障、新型农村社会养老保险和新型农村合作医疗的推进，使农民转移性收入仍保持一定的增长，减轻了农民经济负担。2010年全国2678个县（市、区）开展了新型农村合作医疗工作，新型农村合作医疗参合率达96.3%。新型农村合作医疗基金支出总额为832亿元，累计受益7.0亿人次。全国列入国家新型农村社会养老保险试点地区参保人数10277万人。全年5228.4万农村居民得到政府最低生活保障，增加了468.4万人；554.9万农村居民得到政府"五保"救济。

（七）2011 年农业和农村经济形势的展望

展望 2011 年的农村经济形势，在保障主要农产品的有效供给和农民增收上，总体形势较好。据中国社科院农村发展研究所研究人员的预测，在正常年景下，粮食总产量可能超过 5.5 亿吨，其他多数农产品仍可能继续保持稳定增产，农民人均收入能够继续保持 8% 以上的实际增长。

1. 粮食产量有望继续保持较高水平、粮食价格总水平上涨比上年减缓

温家宝总理在政府工作报告中明确提出，坚持把"三农"工作当做重中之重，在工业化、城镇化深入发展中同步推进农业现代化，巩固和发展农业农村好形势。2011 年中央财政用于"三农"的投入拟安排 9884.5 亿元，比上年增加 1304.8 亿元，增长 15.2%。其中：支持农业生产支出 3938.7 亿元，对农民的粮食直补、农资综合补贴、良种补贴、农机购置补贴支出 1406 亿元，促进农村教育、卫生等社会事业发展支出 3963.6 亿元，农产品储备费用和利息等支出 576.2 亿元。增加中央财政对粮食、油料、生猪调出大县的一般性转移支付，扩大奖励补助规模和范围。引导金融机构增加涉农信贷投放，确保涉农贷款增量占比不低于上年。加大政策性金融对"三农"的支持力度。健全政策性农业保险制度，建立农业再保险和巨灾风险分散机制。2011 年，国家进一步提高稻谷最低收购价格，继续实施主要农产品临时收储政策，保障农民从事粮食和农业生产的合理收益。2011 年生产的早籼稻（三等，下同）、中晚籼稻和粳稻最低收购价分别提高到每50公斤102元、107元和128元，比2010年分别提高9元、10元和23元。

根据中国社科院农村发展研究所研究人员建立在数量模型基础上的预测分析，2011年，设定粮食生产价格较2010年上涨10%，农业生产资料价格上涨幅度在5%以内，粮食总产量受不同灾害范围和程度影响。如果气象灾害发生得相对较轻，受灾面积占播种面积比重低于30%，经多元回归模拟估计，全年产量预期为5.5亿吨。

2. 农民人均纯收入有望保持8%以上的增长速度

农民人均纯收入的增长主要靠农民收入的两个部分（农民工资性劳动报酬收入和农民家庭经营收入中的第一产业收入）的增长。农业补贴力度的加大和农产品价格的进一步回升，将继续确保农民转移性收入和家庭经营中第一产业收入的较快增长。

2011年初，全国许多地区提前出现用工荒和招工难的现象。企业用工需求强劲，计划新招工人数量扩大，而农民工外出意愿总体出现下降。估计，2011年农民工非农就业机会继续增加，工资率上升，全年农民工资性收入将保持快速增长。

经模拟，农村发展研究所研究人员预期，2011年农民人均纯收入将达到6700元，比上年名义增长约13%，实际增长约9%，其中人均工资性收入将达到2800元，比上年名义增长约15%；家庭经营第一产业纯收入达到2500元，比上年名义增长约12%。

二　形成保障农产品有效供给、
务农收入稳定增长的机制

《中共中央关于制定国民经济和社会发展第十二个五年规划的建议》提出："在工业化、城镇化深入发展中同步推进农业现代化，是'十二五'时期的一项重大任务。"当前中国农业现代化的步伐还滞后于工业化、城镇化进程。要促进中国现代农业的发展，一个重要的问题是要形成保障农产品有效供给、务农收入稳定增长的机制。

（一）农产品（尤其是粮食）生产已经进入一个高成本时代

1. 物化成本上涨明显

能源价格上涨带动了农业投入品价格的上涨。2010 年，农业生产资料价格总体上比较稳定，比上年上涨 2.9%，这为农业稳定发展和农民增收发挥了积极作用。但是饲料、农用机油和农业生产服务价格上涨明显。2011 年，农业生产资料价格总体上将面临更大的上涨压力。

2. 土地流转承包费用也呈逐年上升趋势

据农业部的资料，2010 年土地成本占粮食生产总成本的比重达到 20%。

3. 人工成本逐年增加

据国家发改委价格司的资料，2010 年，亩均人工成本占

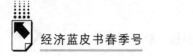

总成本的比重，稻谷为 37.1%，小麦为 28.0%，玉米为 39.9%，大豆为 30.6%，棉花为 54.8%。

2011 年 1 月，笔者在广东汕头调研时，汕头市潮阳区和平镇潮顺粮食生产示范场经理马镇顺（全国十大种粮大户）指出，他种 4000 多亩地，播种面积每年 1 万亩，14 年了，工钱越来越贵，现在开收割机的 1 天工钱 300 元，开插秧机的一个工 130～150 元；施肥料一个工 100 元；晒稻谷一个工 100 元；这还找不到人来干。固定工的工资从每个月 1800 元，已经涨到现在的每个月 2400 元。

（二）消费者的食品消费结构发生变化，对粮食供给的压力加大

1. 高价值产品消费和生产的增长

高速的经济和收入增长、加速城市化及全球化进程、消费者出现对食品多样化需求，导致亚太地区饮食习惯的巨大变化，食品消费已经从谷物和其他高淀粉作物（如木薯和马铃薯）转向了肉类、乳品、水果、蔬菜、油脂等消费，对高价值农产品需求增加。亚洲发展中国家的人均谷物消费在1990～2000 年期间，要么增长缓慢，要么甚至下降。相反的，对蔬菜、水果、畜产品的人均消费均大幅度增加（见表6）。

由于国内需求的增长以及部分地出口需求的增长，许多亚洲国家的高价值农业发展速度快于粮食生产发展速度。在1990 年代，国外学者研究的成果显示亚洲 8 个国家的谷物产量年均增速为 1.3%，略低于 1.5% 的人口增长速度；相反的，高

表6 部分亚洲国家若干种食品的人均消费量的
年均增长率（1990～2000）

食品	孟加拉	印度	巴基斯坦	印尼	菲律宾	泰国	越南	中国
谷物	0.2	-0.4	0.0	0.9	0.1	0.2	1.2	-1.3
蔬菜	0.2	2.1	2.2	3.3	0.0	0.5	4.9	8.5
水果	-1.5	2.9	0.5	1.9	0.2	0.3	1.7	10.0
牛奶	0.2	1.9	3.0	5.9	1.5	5.0	13.5	5.0
肉类	1.0	0.9	0.2	4.7		1.5	4.3	6.8
鸡蛋	4.6	1.9	1.9	3.7	1.6	-0.4	5.8	9.7
鱼类	4.7	2.0	1.6	3.2	-1.4	3.9	3.7	8.4

资料来源：Gulati et al. 2006（based on FAO Food Balance Database）。

价值农业产品的增长速度要高很多，例如，上述8国的蔬菜和水果的增产速度，其中以中国尤为突出（见表7）。1980～2004年期间，全球园艺产品增产中的58%来自于中国，38%来自于所有其他发展中国家，发达国家仅占4%。

表7 部分亚洲国家粮食和高价值产品生产的
年均增长率（1990～2000）

食 品	孟加拉	印度	巴基斯坦	印尼	菲律宾	泰国	越南	中国
谷物	3.6	1.9	3.8	1.7	1.4	3.7	5.7	0.1
水果与蔬菜	1.7	4.3	3.8	4.1	2.1	2.1	4.7	10.2
牛奶	3.0	4.2	5.7	2.8	-6.5	14.8	3.5	5.8
鸡蛋	6.4	4.2	4.6	4.9	3.4	1.1	6.7	10.8
肉类	3.4	3.0	2.8	1.6	5.6	3.6	6.3	7.6
鱼类	7.0	4.0	2.7	5.0	0.4	3.0	7.6	11.3

资料来源：Gulati et al. 2006（based on FAO Agricultural and Fisheries Production Databases）。

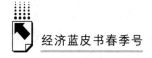

2. 多种因素导致农产品供给的压力加大

（1）随着人民生活水平提高，消费模式和消费需求构成发生巨大变化，直接消费的粮食减少，间接消费的粮食增多。如规模化养猪场的料肉比为 3：1；规模化养牛场的料肉比为 5：1。供给增长相对滞后，对资源消耗的压力加大。

（2）工业生产（生物质能源）与农业争夺资源。

（3）城镇化、工业化进程与农业争夺资源。2010 年蔬菜价格大幅度上涨，要保住菜篮子，首先要保住菜园子。一些大城市的城郊菜地不种菜，改为"种房子"了。北京蔬菜自给率现在仅 20% 多。

总的来看，农产品供求已从总量基本平衡、丰年有余，阶段性、局部性和区域性过剩，转到现在的紧平衡状态。在现有消费模式和消费结构下，中国农产品将长期处于供给紧张的状态。人均粮食占有量 2009 年为 397 公斤，2010 年增加到 407.5 公斤，但 1996 年人均占有粮为 414 公斤，1998 年人均占有粮为 412 公斤。今后中国人均粮食占有量能否维持在 400 公斤上下？这是一个挑战。

（4）中国是否已经进入农产品高价格、高补贴的时代？先看补贴：近几年，政府对农业的补贴力度不断加大，对于促进农民增收产生了积极的影响。然而，由此造成农业生产对国家依赖的增强也是不可忽略的问题。2009 年，我国农业直接补贴占第一产业增加值已经上升到 3.47%。2008 年美国农业直接补贴占增加值的比重为 3.76%。

目前的直接补贴具有普惠性质，很多地方并没有真正按粮食种植面积进行补贴，而是采取平均化方式，不论是否种植粮食，均按耕地面积发放补贴，因此，补贴的直接收入效应可能要大于对粮食生产的激励效应，对粮食生产的影响作用并不大。

再看价格：通过价格信号引导资源配置、刺激粮食生产是我国粮食政策经常使用的重要而且有效的手段。1978 年后，中国有过几次大幅度的粮食价格上涨，比较好地调动了农民的积极性，但 1978 年改革开放伊始，中国仍是固化的城乡二元结构，吃商品粮的城市居民只占总人口的 17.9%，在农业社会自给自足的社会结构中，占人口 80% 多的农民粮食是自产自销，粮食价格再上涨，对农民影响也不大，国家真正要补贴的只是少部分人。但随着工业化和城镇化进程的加速，大量农村劳动力转移到城镇从事非农产业，现在城镇化率已经超过 47%，2 亿多农民工在外打工，他们由种粮变为买粮吃，而且从事农业的几亿人中，相当一部分人也不种粮，而是从事畜牧业或种植蔬菜、花卉、水果等经济作物。畜牧等行业本身也消耗粮食。因此粮食价格上涨，各类产业的劳动成本会随之提高，同时生产资料成本也会上升，很多产品价格将随之上涨。

在当前稳定物价、防止通货膨胀的形势下，如何形成合理的农产品价格体系，确保初级产品生产者和经营者的实际收入不仅不减少，而且能随着物价总水平的增长而增加，随着全社会居民收入水平的增长而增加；同时又要防止物价轮番上涨，保障社会低收入群体的食品消费水平不下降，这是国家宏观经济政策要解决的一个重要问题。

（三）确保农产品有效供给、确保规模化农产品生产经营者收入水平不断提高，要采取综合配套措施，做到政府的宏观调控与市场机制的有机统一

1. 建立合理的农产品价格体系

2011 年 3 月的《政府工作报告》中提出，"2011 年继续实施粮食最低收购价政策，小麦最低收购价每 50 公斤提高 5 到 7 元，水稻最低收购价每 50 公斤提高 9 到 23 元"。

随着经济发展、能源价格上涨和市场机制的完善，粮食生产投入的要素价格如耕地租金（或者影子价格）、用水价格、劳动投入价格等呈现刚性上涨趋势。合理的农产品价格体系就是要理顺粮食生产的投入要素价格与粮食价格关系，核心是确保粮食提价幅度能够高于全部投入要素的总和涨价幅度。只有形成合理的粮食生产投入的要素价格指数和粮食最低收购价格指数之间的联动机制，充分发挥市场机制的作用，才能够既促进粮食生产集约化水平的提高从而保证粮食综合生产能力的增强，又能够实现粮食生产资源的优化配置，节约日益稀缺的耕地和水资源，引导农业劳动力和其他要素资源合理投入。

2. 农业补贴政策应做适当调整，支持粮食规模化生产和经营，例如对规模生产的种粮农户加大补贴力度

《政府工作报告》中提出，"继续增加对农民的生产补贴，新增补贴重点向主产区、重点品种、专业大户、农民专业合作组织倾斜"。

3. 推进旨在提高农业劳动生产率、实现规模经营的土地制度变革

在从传统农业向现代农业的转换过程中，分散的小农家庭经营模式如何实现规模经济？小规模农户如何走上农业现代化道路？这是所有发展中国家面临的问题。马克思曾经说过："超过劳动者个人需要的农业劳动生产率，是一切社会的基础，并且首先是资本主义生产的基础"（《资本论》第 3 卷第 885 页）。只有更少的生产经营者能使用更多的农业资源，他们生产的剩余才能更多，收入才能增加，社会才能发展。

中国各地从 20 世纪 80 年代后就开始进行各种土地承包经营权流转的探索，除了土地在农户之间的流转，向种田能手集中外，也有工商企业进入农业，反租倒包、连片开发的模式。在土地承包经营权流转上，应坚持的导向是家庭经营加上社会化服务体系，坚持农户的自愿原则，强调农户之间的联合与合作。

4. 夯实农业的物质技术基础，支持农业基础设施建设，提高粮食生产抗御自然灾害的能力；提高农业的土地生产率

除了通过土地制度的变革，促进土地承包经营权的流转，提高农业的劳动生产率外，提高农业的土地生产率也是确保农产品有效供给、增加农民收入的关键性举措。但近年来我国粮食增产主要靠种植面积的扩大，而不是靠与技术进步相关的单产的提高，这说明中国农业的物质技术基础仍然薄弱，自身的竞争力不强。

农业要进入加大投入的时期。要加强农业物资技术装备建设，强化农业发展基础支撑，尤其是要加强农田水利基础设施建设。2010 年对农田水利的投入，中央加地方合在一起，一年是 2000 亿元左右。据水利部的资料，由于取消"两工"及大量农民外出打工的影响，近三年全国农民年平均投入农田水利基本建设工日较改革前 10 年平均减少约 75 亿个。如仅按每个工日 20 元算，一年也要少投入 1500 亿元，这部分缺口靠"一事一议"很难弥补。2011 年的中央一号文件提出，今后十年，对水利投入的年平均水平，要比 2010 年翻一番。从土地出让收益中要提取 10% 用于农田水利建设，这些举措必将有助于提高农业的土地生产率。

在农田水利建设中，如何引导农民或者农民合作经济组织对小型农田水利设施建设进行投入，是提高粮食生产能力无法回避的难题。只有农户投资或者有农民参与投资建设小型农田水利设施，才能够解决水利设施建成后的管护和节约用水等难题。

5. 农村金融体系的创新

农村金融是现代农村经济的核心。当前，市场导向的多元化、竞争性的农村金融体系尚未建立起来，农业中的适度规模经营正在形成，但配套的金融政策没有跟上来，这方面的创新步伐应该加快。

6. 完善农业的社会化服务体系，支持农业科技事业发展和农业科技推广服务

7. 将农产品流通体系建设作为机制完善的重点，减少农产品流通的中间环节和减少务农劳动者、经营者的运输成本和交易成本（包括购买成本和销售成本）

第一，要做到政府的宏观调控与市场机制的有机统一，需要发育较大的市场经济主体作为实现政府调控目标的载体，要有政府部门以外的"抓手"来实现政府调控目标。少数规模较大的企业对市场能起主导作用，但在供应紧张情况下，它们的趋利行为与政府调控目标相悖。关键是要通过适当政策措施将骨干农业企业纳入政府的宏观调控体系。2011 年 1 月笔者在广东调研时，地方同志介绍，有的大型民营养猪企业，一年出栏十几万头甚至二十几万头猪，地方政府就和它们签订协议，企业每年生猪存栏量要达到 1 万头，作为政府宏观调控的保障，政府则给予一定的补偿。前一段红糖涨价厉害，广东湛江一个老板有库存糖，在国家的调运糖没有来到的情况下，地方政府就和他协商，请他先行按照较低价格销售。

　　第二，在农产品流通体系建设中要注重提高农民的组织化程度。农户生产规模小、数量多、组织化程度低，市场博弈能力低。而运销、加工企业相对规模较大、组织化程度较高、市场垄断能力较强。为解决这个问题，应鼓励农民成立区域性农业行业组织或农民专业合作社的联合社，统一组织农产品的生产和销售，如通过联合销售、直销（农超对接）或自营销售等形式，减少流通环节，降低市场交易成本，从而形成生产者和消费者双赢的局面。还应探索农民（初级产品生产者）如何通过适宜的组织载体或契约方式获取或分享初级产品进入第二、三产业后的增值利润，也是增加务农劳动者、经营者收入的一条重要途径。

B.5

2010 年中国财政运行回顾与 2011 年需面对的几个财税问题

高培勇　杨志勇*

摘　要： 2010 年中国财政运行相对平稳。2011 年作为"十二五"开局之年面临收入分配、宏观税负、税制改革、财政体制改革、地方债等问题，中国财政政策的总目标主要不是保增长，而是防通胀。目前存在收入差距拉大问题，对促进社会和谐带来不利影响。一方面调节手段不足，当务之急是构建新的调节机制和渠道，一方面要打造功能齐全的现代税制体系。加快经济发展方式转变，需要调整产业结构，并配套进行增值税扩围改革。

关键词： 财政税收　收入分配　增值税扩围

已过去的 2010 年，全球经济仍深受国际金融危机的影响。2011 年，世界经济的诸多不确定性尚未消除。北非、西亚一些国

---

* 高培勇，中国社会科学院财政与贸易经济研究所所长；杨志勇，中国社会科学院财政与贸易经济研究所研究员。

家的乱象，日本的大地震，欧洲一些国家主权债务危机加剧，更增添了 2011 年的不确定性。2011 年，在宽松货币政策和其他因素的共同作用下，全球经济既遭遇通货膨胀的威胁，也面临停滞的考验。在这样的背景下，2010 年，中国经济交出了一份很好的成绩单，中国财政运行也相对平稳。2011 年，中国财税所面临的难题还有很多。本文对"十二五"开局之年所面临的收入分配、宏观税负、税制改革、财政体制改革、地方债等问题作了梳理。

一　2010 年中国财政运行情况回顾

2010 年，全国财政收入总量是 83080.32 亿元，它的增速是 21.3%。2010 年全国财政收入数字公布时还附加了一个数字叫收入总量或可以使用的收入总量，由当年财政收入加上从中央预算稳定调节基金调入的 100 亿元所组成。实际上，2010 年，使用的收入总量为 83180.32 亿元。全国财政支出 89575.38 亿元，增长 17.4%。财政支出总量还要加上补充中央预算稳定调节基金 2248 亿元和地方财政结转下年支出 1356.94 亿元，即为 93180.32 亿元。这样，收支总量相抵，2010 年的赤字为 10000 亿元。

图 1 显示了 2010 年中央财政收支情况。中央财政收入 42470.52 亿元，只是指当年的中央财政收入。收入方还加了一个从上一年的预算调节资金调来 100 亿元，再加上安排的 8000 亿元资金。关于支出，虽然中央财政支出总量是 50570.52 亿元，但是中央本级支出只有 15972.89 亿元，剩下的钱就拨给地方了，再富余的就是存起来，作为预算稳定调节基金。

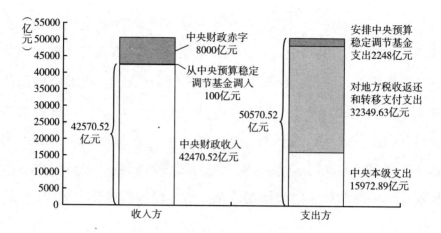

图1 2010年中央财政收支

地方收入总量72959.43亿元，但是地方本级收入只有40609.8亿元，其余的32349.63亿元来自中央对地方税收返还和转移支付，即从中央财政转化过来的。地方财政支出73602.49亿元，加上结转下年支出1356.94亿元，支出总量为74959.43亿元。收支总量相抵，差额2000亿元通过财政部代发地方债来弥补。也就是说，地方支出中，只有55.66%靠自身收入，44.34%则要靠税收返还和转移支付，要靠财政部代发地方债。

中国省以下各级财政对中央财政转移支付的依存度已经超过40%。而在2009年，中西部地区依存度是54%，全国平均是36%，2010年大大提高了。这是一个值得注意的变化。

再一个数字大家关注的是超收。超收我们每年都在讲，2010年超收的比例也非常之大，超收多少钱呢？仅仅中央财政一级就超收4410亿元。为什么连年超收，道理特别简单，就是每年财政收入增长计划数字总是跟 GDP 增长相挂钩，GDP 是 8%，但是实际增长会大于 8%，大于 8% 的地方就会实现超收。那么中央财政收入 18.3% 的增长率从哪儿来的呢？原因之一是外贸增长速度太快，跟计划的速度差距很大，仅仅进口就增长 38.7%，和计划增长 8% 相比差别更大，这项超收就达 2865 亿元；2010 年汽车卖多了，多收了很多车辆购置税和消费税，和计划相比多收 1285 亿元。这两项超收共占中央财政超收额的 94.1%。超收的 4410 亿元或用于增加对地方税收返还和转移支付，或增加教育支出、科学技术支出、公路建设支出，也安排了 500 亿元削减中央财政赤字，补充中央预算稳定调节基金 2248 亿元。

二 2011 年中国财政政策选择

2011 年的预算仍然未走出以往的思维定式，还是按照收入增长 8% 计算的。从 2011 年开始，中国的财政支出盘子会超出 10 万亿元，与几年前比是不可同日而语的。

理解 2011 年中央财政收支的盘子需要明确一个概念。就中央财政收入而言，当年收入是 45860 亿元，它可动用的钱是 47360 亿元，中央财政赤字安排 7000 亿元，中央财政收入绝大的比重不是自己花，好多都是转给地方的（见图 2）。相关的问题有几个，一是如何看待 2011 年财政政策的基本趋向。我们的判断是由积极的财政政策正在转向稳健。2011 年财政政策的总目标主要不是保增长，而是防通胀。

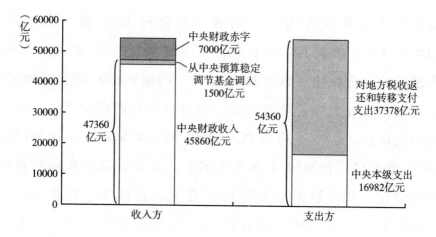

图 2 2011 年的中央财政预算收支

通胀的问题其实就数字而言并不十分严重，严重的比如 2007 年，20 世纪 90 年代也比现在严重得多。2011 年出现的问题除了通胀以外，还有以收入分配矛盾为代表的各种社会矛盾极端尖锐化。所以 2011 年财政政策总体安排，不能只看其名称，而要看它具体的内容操作。笔者认为纳入视野的具体内容，可以说是稳健的。为了比较，我们先看上一轮积极财政政策退出过程。

图 3 说明了上一轮积极财政政策逐步退出的情形。那一轮积极财政政策宣布退出的时间是 2004 年末。财政赤字的安排上从 2003 年就逐步退出。我们再来看 2011 年的情况。2010 年财政赤字计划安排 10500 亿元，实际是 10000 亿元；2011 年财政赤字名义安排是 9000 亿元，实际上仍然是 10500 亿元。为什么呢？因为从调节基金那里调入了一些存款，其道理与我们买房子一样。基本上就预算安排而言，2011 年财政赤字和 2010 年基本持平。

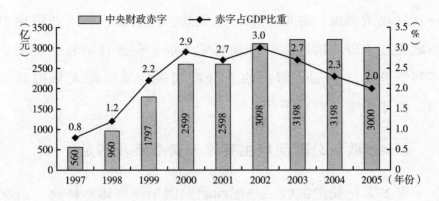

图 3　中央财政赤字及赤字占 GDP 比重

2011 年有无减税的可能？增值税需要向生产性服务业扩围。2009 年增值税从生产型向消费型的大转型改革带来减税规模 2300 亿元。这种小规模扩围，而且是在还不知道 2011 年能迈出多大步子的时候，也就是减税几百亿元；增支 2011 年也没有什么安排，比如扩大投资。2011 年中央政府所有的公共投资，主要是保在建工程的收尾，除此之外就是结构调整，比如教育不得不增加，医疗不得不增加一点。笔者认为，2011 年财政政策总体是往稳健靠的。

三　收入分配格局的调整与税制改革[①]

收入分配是关系民生的一个重要问题，历来为党和政府所重视。党的十六大以来，中央高度重视调节收入分配，出台了

---

① 参见高培勇《解决收入分配问题重在建机制增渠道》，2010 年 10 月 13 日《人民日报》。

一系列政策措施，并取得了一定成效。但目前，收入差距拉大问题还远未得到解决，对推动科学发展、促进社会和谐带来了不利影响。这说明，解决收入分配问题，需要深入分析其成因，抓住关键，对症下药。

（一）收入分配问题主要缘于调节手段不足

很多人把我国的收入分配问题归因于经济体制转轨，但深入分析可以发现，经济体制转轨固然是造成收入差距扩大的一个原因，但可能并非实质性和根本性原因。因为在经济体制转轨国家中也可找到收入差距虽有所扩大但并不明显、基尼系数并不算高的例子，如匈牙利、捷克；也不宜把收入差距扩大的原因完全归结于实行市场经济体制，因为实行市场经济体制的国家中也有对收入分配问题处理得比较好的例子。

其实，人们常说的收入分配问题包括两个方面：一个是分配差距，主要是指分配的结果；另一个是分配不公，主要是指对造成分配结果不平等的原因判断，如机会不均等。这两个问题存在于人类社会所经历过的所有经济体制和所有发展阶段，有所差异的不过是在不同的经济体制下和不同的发展阶段中所采用或依赖的调节机制和渠道不同。所以，问题的关键在于我们要以什么样的调节机制和渠道去应对收入分配差距和分配不公问题。

这就是说，倘若我国当前的收入分配问题果真有什么特殊之处，那么，这种特殊性只能归之于现实市场经济体制的不完善。以不够完善的现实市场经济体制为线索审视我国当前收入分配运行格局，可以观察到的一个基本事实是：政府对解决收入分配问题不可谓不重视、不可谓决心不大，但一旦付诸行动，却往往是找不准下手的地方和有效的工具，或者政策虽好但落实不下去。机制欠缺，渠道不畅，或许正是当前我国收入分配问题的主要症结所在。

（二） 当务之急是构建新的调节机制和渠道

在传统计划经济体制下，我们曾有一套行之有效的调节收入分配的机制和渠道。随着从计划经济走向社会主义市场经济，农副产品统购统销和城市职工八级工资制逐步被打破。原有的调节机制和渠道已不复存在，自然就要以新的适应社会主义市场经济的调节机制和渠道去"换防"。这无疑要经历一个"摸着石头过河"般的探索过程。迄今为止，曾经有不少办法先后被采用，但从总体上看，由于缺乏同社会主义市场经济体制的适应性或适应性不够，这些办法大多未能取得预期的成效。调节机制和渠道的重新构建问题，始终未能获得根本解决。

那么，究竟有没有适合社会主义市场经济的调节机制和渠道？在我国社会主义市场经济的土壤中能否找到适当且有效的调节机制和渠道？随着实践的深入，人们的认识变得越来越清晰：调节收入分配的担子已经不可能指望曾经行之有效的传统行政手段来承担。法律手段如实行和提升最低工资标准等，固然可以在一定范围内发挥作用，但毕竟是有限的、辅助或补充性的；能够适应市场经济、有较大作为空间的，主要是经济手段。

在理论上，收入分配可以分为初次分配和再分配两个层面。初次分配是基础环节，基础打不牢，其他便很难谈起。但这一层面的问题多属于市场体系，政府的作用空间相当有限。政府既不能直接调整非国有制企业的职工工资，也不宜过多干预国有企业的职工工资。政府所能做且可见效的，至多是规范市场分配秩序。除此之外，可作调节之用、具有调节之效的经济手段只能或主要来自再分配层面。

再分配的灵魂或实质就是调节过高收入，并用从富人那里得来的钱去接济穷人。在现实的中国，"济贫"似不难，因为毕竟有机制、有渠道——在既有财政支出结构的框架内，完全可以在不动存量、仅靠增量（呈稳定增长之势的财政收入）的前提下，实现为低收入群体提供支援的目标。相比之下，调节过高收入则有难度，因为这既缺机制又缺渠道。政府所能运用的调节过高收入的手段基本上就是税收，而现行税制体系下的税收显然胜任不了这样的使命。

比如，就整个税制体系的布局而言，税收调节过高收入的功能要同直接税而非间接税相对接。浏览一下 2010 年全国税收收入的格局便会看到，在由 18 种税所构成的现行税制体系中，包括增值税、营业税和消费税在内的各种流转税收入占到 70% 左右。且不说流转税终归要通过各种途径全部或部分转嫁出去，税收的最终承担主体难以把握，单就其被归结为累退税（高收入者所纳税款占其收入的比例反而少于低收入者）而言，它所可能带来的调节作用也属逆向性质。

又如，就直接税的布局来说，目前能够纳入直接税体系的主要是处于流量层面的企业所得税和个人所得税。2010 年，两者的占比分别为 17.5% 和 6.6%。尽管企业所得税也具有调节功能，但它调节的毕竟主要是企业或行业，而非居民个人之间的收入差距。现行的个人所得税本应充当调节居民收入差距的主要工具，但由于所占份额偏低，其作用极为有限。不仅如此，在实行分类所得税制的条件下，将个人所得划分为若干类别、分别就不同类别征税，甚至分别适用不同的税制规定，而不是在综合计算其所有收入的基础上实施调节，其有限的作用就又被打了折扣。

再如，作为直接税的一个重要类别——处于存量层面、针对居民个人征收的财产税，仍是我国现行税制体系中的一个空白。这又意味着，面对由流量和存量两个层面所构成的收入差距，现实税收所能实施的调节至多触及流量，而不能触及存量。鉴于存量是基础并在相当程度上决定着流量，可以进一步认定，现实税收对收入差距的调节只能触及皮毛，而不能牵动筋骨。

由以上分析可以得出如下判断：面对日趋严峻的收入分配形势，迫切需要解决的问题就是建立健全一套适应社会主义市场经济的调节收入分配的机制和渠道。由重新构建机制和渠道入手，谋求在调节收入分配方面有所作为，是我们当前应当也必须作出的一个重要抉择。

（三）打造功能齐全的现代税制体系

构建调节机制和渠道，应从最薄弱的环节开始。从前面的分析中我们已经发现，如果说政府实施收入分配调节的经济手段只能或主要来自再分配层面，那么，作为再分配层面的两个着力点，调节过高收入与"济贫"相比，难不在"济贫"，而在调节过高收入。因此，当前应着手做的一项重要工作就是构建调节过高收入的机制和渠道。

调节过高收入要靠直接税而非间接税。所以，按照现代税收的功能标准，跳出相对偏重税收收入的单一功能格局，构建一个融实现税收收入与调节收入分配、稳定经济功能于一身的功能齐全的税制体系，是必需的。而构建这样一个税制体系的出路，就在于增加直接税的份额。这需要通过启动一系列增加直接税并相应调减间接税比重的税制改革，调整并重构现行税制体系的总体布局。

增加直接税份额需要创造条件，将已经纳入税制改革规划但久拖未决的直接税项目付诸实施。这至少包括两个税种：个人所得税和房产税。

我国的个人所得税制要走"综合与分类相结合"之路，是早在"十五"计划中就已确立的改革目标。然而，在过去的十几年中，主要是由于税收征管上难以跨越的障碍，我们在这方面并没有取得多少实质性进展。时至今日，收入分配的严峻形势已经不容我们再拖。故而，尽快推动一场税收征管上的深刻变革并由此破解实行综合与分类相结合的个人所得税制的重重障碍，让建立在综合计征基础上的个人所得税制"落户"中国，已成为迫在眉睫之举。

对个人自用住房开征的房产税（当时称为物业税）从

2003 年 10 月将其纳入税制改革规划至今已有 7 年时间。7 年之后才有试点的经历①告诉我们，无论是将其作为抑制房价的手段还是作为地方政府的主体税种，都难以成为开征房产税的充足理由，都难以打破开征房产税道路上的种种障碍。可以说，它们都是开征房产税的理由，但并非最重要的理由。只有在将其置于解决当前收入分配矛盾之中并作为调节收入分配和缩小收入差距的手段加以使用时，开征房产税才有可能获得广泛支持。一旦房产税开征并由此为遗产税以及其他属于财产税系列的税种铺平道路，那么，结束我国现行税制格局中财产税缺失状态，从而建立起从收入、消费、财产等各个环节全方位调节收入差距的现代税制体系便会成为现实。

同个人所得税实行综合与分类相结合的情形相似，开征房产税的最大难题主要来源于税收征管机制的制约。总体而言，现实税收征管机制尚停留于"间接 + 截流"的水平。所谓"间接"，指的是它基本上只能征间接税，而不能征直接税。所谓"截留"，指的是它基本上只能征以现金流为前提的税，而不能征存量环节的税。房产税既是直接税，又是存量税。所以，税务机关能征直接税和存量税，是开征房产税的基本条件。这又要求我们采取各种有效举措，抓紧突破现实税收征管机制的"瓶颈"制约，为开征房产税提供条件。

---

① 重庆市和上海市已经从 2011 年 1 月 28 日开始进行房产税征收的试点，但这只是对部分房产征收，距离改革目标还有很远的距离。

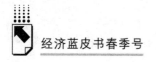
四　宏观税负与减税①

中国宏观税负争议不断。不同的人或不同的部门，站在不同的立场上，会报出不同的政府收入账。国家税务总局曾给人们报了一个账，中国目前的宏观税负水平是 18.8%。许多人不相信。其实，他们说的的确没有错。为什么呢？不妨自己算一下账：2009 年全国税收收入总和是 63103.74 亿元，当年的 GDP 为 335352.9 亿元。前者占后者的比重，恰好是 18.8%。但这只是其中一本账。除此之外，还有其他的几本账。

比如，财政部门给人们报出的账，宏观税负水平就是 20.4% 了。我们说这个账也没有错。为什么呢？因为，这是以财政收入占 GDP 的比重去计算的。2009 年全国财政收入是多少呢？它与全国税收收入有所不同。前述国家税务总局所用的数字——全国税收收入 63103.74 亿元，只是税务系统所征收的税收。但在中国的现行体制格局下，除税务系统征税外，海关还要征收关税，其他政府部门也要征收一些包括国有企业上缴利润在内的非税项目收入。并且，按照目前的账务处理办法，还要从上述收入中扣掉给予企业出口退税的数额，如此算下来，全国财政收入规模便为 68476.9 亿元。这一数字在 335352.9 亿元的 GDP 中，其所占比重，恰好是 20.4%。

---

① 参见高培勇《减税须从认清政府收入格局做起》，2011 年 1 月 11 日《中国财经报》。

虽然财政部门比税务部门报出的宏观税负水平高了一些，但对这个数字，人们还是不大认账。总是感觉到，它同实际的情形有距离。这是因为，还有另外一本账。在时下的中国，除了被称作"一般预算收入"的上述财政收入口径之内的收入之外，就整个政府部门看，它还同时使用其他的方式、以不同的名目去向企业和居民收钱。这些钱，当然也应算作宏观税负的一部分。倘若按照目前可以查到、甚至能够由全国人大系统掌握的政府收入数字计算，中国目前的宏观税负水平就是30.2%了。这个数字，较之前两个数字，分别上升了11.4%和9.8%。差距如此之大，其原因，就是在上述一般预算收入的基础上，加上了"政府性基金收入"4371亿元、"土地有偿使用收入"13964亿元、"社会保障缴费收入"14470亿元等其他几个政府收入项目的收入。就这个口径计算，2009年，全国政府收入的规模大约为101424亿元。这个数字，占GDP的比重，恰好为30.2%。而到了2010年，包括一般预算中的非税收入、政府性基金收入（不含土地使用权出让收入）、国有土地使用权出让收入、社会保障缴费收入、国有资本经营收入在内的政府收入（收入结构见图4）合计达138067.36亿元，占GDP的比重为34.69%，比2009年上升了4.49个百分点。

　　三种不同口径的政府收入令人困惑。不妨先从最大口径的政府收入说起。熟悉或具有财税基本常识的人们都知道，以税收收入为主体的财政收入即一般预算收入，是政府可以统筹使用的收入，也是真正意义上的财政收入。在所有的政府收入项

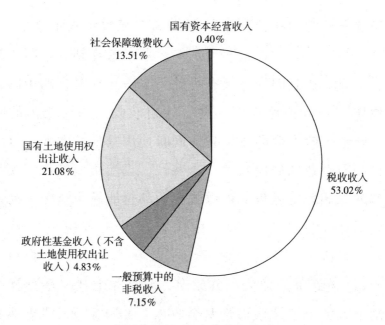

图4 2010 年政府收入构成

目中，我们应当特别看重这一部分收入。无论是拉近东中西部的区域发展差距，还是宏观经济调控，抑或是一般意义上的行政管理支出，靠的就是这一笔钱；政府性基金收入，虽也放在部门预算之中并报送各级人大，但在现行体制下，它系各个政府部门分别拥有、支配，并未纳入财政统一管理视野，不可统筹使用；土地有偿使用收入，也就是土地使用权出让收入，更是基本上属于各级地方政府所拥有的财力，不仅中央政府难以触动，就是在地方政府层面，也是尚未纳入财政统一管理体系的；至于社会保障缴费收入，则属于专款专用范畴，并不纳入财政统一管理体系，而由社会保障部门管理并使用。

如果认为税负偏高，需要减税，比较上述几个项目，那么可减的收入排在前面的或其重点，显然应当是政府性基金收入和土地有偿使用收入。但是，这两块儿收入，均系"名花有主"，属于各个政府部门或各级地方政府的"私利"领域。若无重大的或强有力的改革与之伴随，肯定难以削减。

这样看来，本应排在减税清单的最末一位而且能够掌控得了的，还是一般预算收入这一块儿。对于由税收收入和非税收入所组成的一般预算收入，又能减哪一块儿呢？非税收入，目前主要的项目是国有企业利润上缴收入。在目前，这一部分收入不仅不在削减系列，而且属于要调增范畴。因为，我们知道，从 1994 年税制改革以后的很长一个时期，国有企业几乎未向国家上缴利润。只是最近几年，在来自社会大众的强烈关注和反复呼吁之下，才有了部分国有企业上缴一小部分利润的尝试性变化。从方向看，起码从作为股东的全体人民要参与国有企业的利润分配而不应只让部分人独享这一点来讲，这一部分收入的增加，绝对属于势在必行。

那么，接下来就要说到税收收入了。就全国税收收入格局而言，可以向大家再报一个账。中国目前的税收收入，70%以上是流转税，就是大家说的间接税。这有好处，征的时候老百姓没有多少感觉。但是，也有很大坏处。这就是，它只适于给政府取得收入，不能帮助政府做取得收入之外的其他事情。比如说，现在调节收入分配的呼声很强烈，大家都期待让政府拿出办法去调节收入分配。但问题是，政府能够拿什么办法去实施这种调节呢？把政府所能掌控的几乎所有的手段过滤一番之后，就像"击鼓传花"那样，最后进入视野的就是税收了。要动用税收手段调整收入分配，比如通过减税来增加低收入群体的收入。一旦把聚焦点放在间接税上，这最大的问题就是，你减了这种税之后，并不知道这减税的好处落在谁的身上。你的目标是减张三的税，但是这笔减下来的税款，七拐八拐，最后可能落到李四、王五那里去了。你想降低收入群体的税负，结果通过一系列的转嫁过程，其归宿反倒是高收入群体了。这不大合适。

再往后，还有一块叫所得税，也就是大家说的直接税，将近30%。通过减少企业所得税能帮政府调解收入分配吗？也不是没有问题。因为，企业所得税所瞄准的调节至多调节不同企业、不同行业之间的利润水平。它不能直接触及居民个人收入，而且企业所得税的归宿也是难以把握的。在企业工作的人都知道，企业既有"上家"，也有"下家"。当其缴了税之后，它既可以向前转嫁，也可以向后转嫁。在其归宿难以把握的条件下，减少企业所得税的效应究竟如何，也是可以想见的。

最后剩下来的，就是份额不足7%的个人所得税了。一提起个人所得税，人们的眼睛肯定为之一亮。也肯定会说，这一块儿应该减，最需要减。没错，这是老百姓看得最清楚、体验最深刻的一个税种。但是，它的减少，要牵涉一件大事。这就是，政府要指望它去调节收入分配。要通过税收手段去调节收入分配，说到底，这最后的指望，就是这一点儿个人所得税。但是，这点儿个税显然是撼动不了GDP分配格局的，"小马拉大车"，起不了多少作用。但毕竟这是我们调节收入分配的几乎唯一的依托。也许正是因为如此，在各种税没得减的情况下，最后只能选择减个人所得税。但是，将这一部分收入减下去了，税收调节收入分配的作用也就随之变得更弱小了。

归结一下，减税一定要考虑到现在的政府收入总体格局，需要明确其归宿点。不是简单的只说要减，而还要说要落到哪一块儿上去；哪一块儿可以减，哪一块儿不可以减。减了哪一块儿最有效，减了哪一块儿就不那么有效。这需要一个相当艰苦的决策论证过程。

五　产业结构调整背景下的增值税扩围改革①

加快经济发展方式转变，需要产业结构调整。产业结构调整和财税体制相对应的地方，现在规定的动作就是要实行增值税扩围，特别是把征收的流转性税种，从营业税让给增值税，但是目前看来，还有一些障碍。

（一）增值税扩围

增值税"扩围"是"十二五"期间有待启动的一个重要税改项目，不仅在中国，而且在全球范围内，都引起了人们的广泛关注。由此而引发的讨论、猜测、赞成甚至异议之声，不一而足。然而，在其中，或许是由于增值税制本身的复杂性，对此项改革规划的把握以及在此基础上做出的分析判断，并非都是准确和恰当的。故而，对有关增值税"扩围"改革的意

---

① 本部分内容参见高培勇《增值税扩围的意义与障碍》，《数字商业时代》2011年第 2 期。

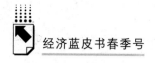

义、进程和前景做一番考察，是十分必要的。

所谓增值税"扩围"，是指"扩大增值税征收范围，相应调减营业税等税收"。这项改革的动议虽早已有之，但其之所以在今天被提上议事日程进而放入"十二五"规划，同中国于 2009 年 1 月 1 日启动的增值税"转型"改革直接相关。

增值税转型改革，其最重要的变化，就是企业当期购入固定资产所付出的款项，可以不计入增值税的征税基数，从而免征增值税了。所以，说到底，它是一项以减税为基本取向的改革。注意到增值税系现行税制体系中第一大税种的地位，它还是一项规模颇大的减税措施。据统计，在 2009 年，将一般纳税人和小规模纳税人分别拿到的减税额加总，通过增值税转型而实现的减税规模就达 1385 亿元。在当年 5666 亿元的减税盘子中，占到近 1/4。正因为如此，它也是作为积极财政政策的一项重要举措而实施的。在国际金融危机的大背景下，这项改革对于中国经济率先回升向好势头的形成，显然发挥了积极的作用。

然而，与此同时，一种颇具戏剧性的情形随之呈现且逐渐演化为税收领域的焦点话题：发生在增值税上的改革，并不止于增值税自身，而同时牵动了它的近邻——营业税。在中国现行的税制体系中，增值税和营业税就好似两个孪生姐妹，本来就是命运密切相关的一对儿。两者之中，任何一方的变化，都会直接影响并牵涉到另一方。

从税理上讲，举凡一般流转税，都要按照"中性税"来设计——税制安排不对纳税人的产业投资方向产生影响。在中国，作为并行于商品和服务流转环节的增值税和营业税，自然是按照彼此照应、相互协调的原则来确定税负水平的。故而，当增值税通过"转型"改革实现了税负水平的削减之后，仅仅是因为参照系发生变化，原本同其保持大致均衡状态的营业税的税负水平，便一下子陷入了偏重境地。

两个税种之间税负均衡状态的打破，当然要波及其各自的"领地"——征收范围。按照现行税制的大致划分，增值税主要适用于第二产业，其中又以制造业为主。营业税主要适用于第三产业，其中又以服务业为主。于是，随着增值税税负的相对减轻和营业税税负的相对加重，发生在不同产业之间、特别是发生在制造业和服务业之间的税负失衡现象，也由此出现了——相对于制造业税负水平的下降，服务业的税负水平趋于上升。

这件事情，显然非同小可。因为，在整个社会都致力于转变经济发展方式的宏观背景下，通过发展服务业来改变现实的产业结构——提高服务业增加值占 GDP 的比重，基本实现经济结构向以服务经济为主的转变，已成为共识之举。因税负失衡而阻碍产业结构的调整，无论从哪个角度看，都属于不可容忍的问题之列。

问题如何改变？从总体上看，能够拿出的办法无非两个：或让增值税吃掉营业税，从而在整个商品和服务流转环节统一征收增值税；或在营业税的框架内调减税负，从而回归营业税和增值税之间税负水平的大致均衡状态。但瞻前顾后，前一个办法是摆在优先考虑位置的。在早已成型的税制改革方案中，它被称之为增值税"扩围"。并且,"转型"与"扩围",一直是被放置在一起、相互联系的围绕增值税和营业税的调整行动。在"转型"改革完成之后,理应相机启动"扩围"进程。

(二) 增值税扩围的三个障碍

然而,一旦真的实施"扩围",真的要增值税"一统江湖",至少在短期内,如下三个障碍可能是难以跨越的。

营业税是地方政府的主体税种,而且几乎是唯一的主体税种。正如现实生活中任何人都要拥有自己的自主财源一样,即便在中国这样的单一制特征异常突出的国度,让地方政府拥有一定且相对独立的税源,也是其履行职能不可或缺的重要条件。故而,将营业税并入增值税的前提条件之一,就是为地方政府寻找并设计好新的主体税种。在现行税制的框架内,这样的税种,或并不存在,或难有变更归属关系之可能。几乎唯一的可行方案,就是按照既有的税制改革方案,开征以房产税为代表的财产税并以此作为地方政府的主体税种。问题是,开征房产税或其他财产税,在眼下还处于"雾里看花"阶段,而并非中国的现实。我们毕竟不能把未来可能拥有的东西当做现实的税源分配给地方政府。此其障碍之一。

在 2010 年的全国税收收入总额中,包括国内增值税和进口环节增值税在内,来自增值税的收入份额超过 40%。在此基础上,若将收入份额为 15.24% 的营业税并入增值税,并且其他税种不做相应调整,那么,"扩围"后的增值税份额,便会一下子跃升至 55% 以上。增值税的块头儿过大,肯定会对税收收入或财政收入的安全性构成挑战。连平日的居民股票投资都懂得"不要把鸡蛋放在同一个篮子内"的道理,一国的税收收入或财政收入,当然也不能过多地依赖某一个税种的支撑。因此,实施增值税的"扩围",必须辅之以其他方面的配套动作——如相应调减增值税税率、调增其他税种税负以及开征新的税种,等等。这又涉及现行税制体系框架以及既有税制改革方案的一系列变动。它们的变动,对于现行税制体系框架和既有税制改革方案而言,无疑具有颠覆性的影响。此乃障碍之二。

现行的财政体制以"分税制"冠名。所谓分税制,其实主要分的是两种(类)共享税。其中,增值税 75∶25 分成,75% 归中央,25% 归地方;所得税 60∶40 分成,60% 归中央,40% 归地方。之所以是这样的分成比例,一个十分重要的基础条件,便是营业税作为地方税,除了少许的例外,其收入完全划归地方。当营业税并入增值税之后,原来的地方税便成了共享税。随着营业税归属关系的变动,上述分成比例的基础条件便不复存在了。只要基础不再,分成比例自然要重新谈判,随之调整。只要分成比例发生了变化,便意味着实施了 17 年之久的现行分税制财政体制要推倒重来、重新构建了。这在当前的中国,绝对是一件大事。它不仅需要相当的魄力,而且,要在反复推敲和周密调研的基础上才能推进。此乃障碍之三。

只要上述问题"无解"或尚无确切把握,增值税的"扩围"便很难迈动脚步。注意到全国人大 2010 年的增值税立法计划事实上已经搁浅,增值税的"扩围"又一时难以启动,如何将增值税立法和增值税"扩围"相对接，恐怕又是一个需要大智慧方可求解的项目。

看起来，增值税的"扩围"行动，要牵动一系列极为复杂的因素。它的启动和实施，并非简单之事，而是一项系统工程。有鉴于此，立足于现实的税情和国情土壤，通过全面评估并确立"渐进"的税收改革整体方案，一个个地破解诸方面的难题，从而在审慎和务实中求得这项改革的成功，可能是我们当前的适当选择。

六　环境税收体系的构建

中国要加快经济发展方式转变，完成 2020 年的节能减排目标，必须采用包括税收在内的多种措施。

资源税对中国未来的经济发展结构的调节作用非同小可。在加快经济发展方式的转变中，很重要一条就是要转变"长期依靠资源、能源的大量耗用来赚取国际产业链中的微薄利润"。目前，资源和能源短缺的约束，已经越来越成为中国经济之不可承受之重。资源和能源耗用的低价甚至无偿开发利用状态，使得其补偿机制的建立尤为紧迫。资源、能源的低价格是不合理的。市场经济意味着它本来值多少钱，就应该让它值多少。例如，煤炭，表面上的开发成本很低，但若将其所隐含的资源、环境等成本纳入其中，它的实际成本就会上升很多。资源税就是具有将资源、环境等方面的外部效应内在化作用的一个楔子。

正是在这样的背景之下，资源税的改革被注入了三项内容，即扩大征税范围、转行从价计税和提高征税标准。很显然，资源税改革到位之后，展现在世人面前的一定是一种全新的资源税。它所带来的冲击力，特别是对既得利益格局的冲击力，并不亚于开征一种新税。也正因为如此，资源税改革的推进，遭遇到了很大的阻力。于是，这项方案本已成熟，却还只是处于在西部地区原油和天然气局部先行的阶段。

从国际金融危机的反思中，我们已经看到，依靠资源能源的大量投入来赚取国际产业链低端的微薄利润是不能长久的。因而，通过资源税改革实现资源、能源的节约使用，实现经济发展方式的转变，已经成为刻不容缓之举。

要完成到 2020 年单位 GDP 二氧化碳排放量较 2005 年减少 40% ~45% 的目标，环境税早晚也是要开征的。在加快转变经济发展方式的进程中，借助于开征环境税来实现减少温室气体排放和保护生态环境的目标，已经被作为其中的一个重要方略而议论了多年。严格讲，环境税不是一个税种，而是一个税系。它是由多种有助于节能环保的税组成，如燃油税、资源税等都可以纳入该体系。有关环境税的政策建议以至制度设计，已如井喷之势。可以肯定，以此为契机，在我国，环境税的开征进程会进一步提速，有望于"十二五"期间变成现实。

而关于燃油税，回顾一下燃油税费改革的历程，便会看到，从 20 世纪 90 年代开始，燃油税费改革一直被同时赋予两个方面的改革任务：通过费改税，规范政府收入行为及其机制；通过加大燃油消费负担，降低燃油消费量并实现节能减排。2009 年 1 月 1 日启动的燃油税费改革，在国际金融危机

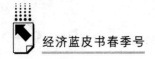
的大背景下，所选择的是一种稳健而渐进的安排。在保持原有负担不变甚至略有降低的条件下，将原养路费等6种费的负担平移至新的燃油消费税中。故而，它所带来的仅仅是前一个目标——规范政府收入行为及其机制的实现。后一个改革目标——节能减排，并未随之融入改革方案，从而仍旧是有待进一步推进的改革命题。

如果说那样的选择系基于当时的形势或稳妥考虑不得已而为之，那么，伴随着经济的回升向好进程和节能减排压力的骤增，加之一系列有关限行、治堵的因素考量，现在已经到了将燃油税费改革进行到底的时候。所以，在既有燃油税费改革实绩的基础上，顺势而为，创造条件，把以节能减排为主要着眼点的下一步燃油税费改革推上实施轨道，不仅是完全必要的，而且绝对是兼收限行、治堵和节能减排功效并绕开种种制约因素的"一举多得"之法。

当然，资源税、环境税、燃油税的改革也有较大的难度。特别是这种调节均体现为增税中的调节，更会增加相关改革措施出台的难度。

七 财政体制改革与地方债的出路

（一）财政体制改革

"十二五"时期仍将财政体制改革的目标定位为分税制。与中国现实相结合，这样的体制强调税收立法权高度集中，强调财力与事权相匹配。

2011 年，中央财政将进一步加大转移支付力度，优化转移支付结构。全年中央对地方税收返还和转移支付支出 37310 亿元，同比增长 15.3%。中央和地方财政体制关系的处理，近几年有非常大的变化，那就是原来讲财权与事权相匹配，现在改为财力与事权相匹配。这一字之差，实际上是向世人表明：今后中央与地方财政关系的处理，更多的是通过钱的配置去摆平，而不是通过权的配置去处理。这有两个方面的效应。从积极的角度讲，像中国这样单一制的国家，财力与事权相匹配，恐怕是一个要坚持的方向。从另一个角度讲，2011 年的转移支付规模已经占到了地方财政支出的相当大的部分，即地方财政支出的大约 40% 要靠中央财政的转移支付来解决。

为此，这也要注意防止一些倾向，那就是把地方各级政府当做预算支出单位。地方各级政府和预算支出单位是性质不同的。一级政府一级财政，就是因为预算支出单位和一级政府不是一回事，千万不要搬用财政部门和预算支出单位之间的财务处理关系来面对中央政府和地方政府的财政关系。中国的财政体制正处于逐步的健全过程当中，更应特别注意。

财政体制改革牵一发而动全身，不宜单兵突进，而应采取全方位顶层设计的方法，综合考虑各种相关因素，以一揽子方案的形式来解决既有问题。

（二）地方债的出路

当前中国地方债务研究大量集中于规模判断以及风险分

析，但就中国的情况来看，当前地方政府的债务具有不同于其他地方的复杂性。不妨作个比较，大家总是把欧洲债务作为一个参照，欧洲债务危机一个很重要的原因是欧洲各国在金融危机中采取的反危机操作。如果没有 2008 年全球金融危机爆发，那么欧洲的债务危机绝对不会是现在这个样子。随着经济回升，欧洲的债务也会自然缓解。

但是中国的地方债务问题我们只能部分地归结于这次反危机的扩张性操作。在这次反危机的过程当中，地方政府借债，表面看是为了实施反危机操作，实质上是地方政府搭反危机扩张性操作这辆便车，大规模举债。因为地方政府之所以来借债，其更为深层次的缘由是地方政府的投资冲动。

观察投资规模膨胀轨迹的时候发现，三十余年来，地方政府上项目的资金来源也发生了几次改变。

1994 年分税制改革之前，地方政府对于项目投资的竞争主要表现为大量的非规范的税收优惠来招商引资；1994 年之后，税制上这个渠道被管住了，就开始乱收费，这也造成了中国特有的"费大于税"的局面，那个时候地方政府的项目主要是收费筹措资金；21 世纪初，一系列费改税的改革使这条路走不通，土地开始进入政府视野，于是通过卖地为项目筹资；2008 年之后，进入这次国际金融危机以来，投资的冲动和反危机的扩张性操作绑在一起，通过融资平台公司大量举债。这直接导致 2009～2010 年间地方融资平台债的迅速攀升。由此累积起来的债务风险也得到了高度关注。

以往不管是滥施税收优惠，还是乱收费、狂收土地出让金等，实际上都表现为政府对整个社会的一种负债。而今天的地方债，是实实在在的债，没有隐含的形式。这个债使财政与政府的关系更直接了，表面上是地方政府债务规模的膨胀，其实问题根源存在于地方政府投资的冲动上，因而这次地方政府的矛盾不会随着危机的终结而自然缓解。

从 20 世纪 90 年代以来，我们一直强调中央政府的宏观调控能力。这样的结果是，地方财政过分依赖中央财政的转移支付，中央每年有 30000 多亿元的资金通过转移支付拨给地方，用于各种支出。这便于中央政府实施宏观调控，便于实现基本公共服务的均等化，但是它往往导致地方财政收支平衡越来越难以自主操作。

地方也没有税收立法权，不管是征房产税还是其他方面的税种，都是要全国统筹的事情，不能建立地方自己的主体收入来源。此外，没有规范化意义的举债权，钱不够花，也不能去举债。

当地方收支对比出现矛盾时，地方债就成为必然的选择。即使预算法对地方政府发债作了种种限制，地方政府仍然会设法举借债务。与直接获得发债权相比，变着法子绕过预算法的规定发债必然会选择多种更为特别的形式。其结果就是当前地方政府债务规模很难准确统计，也直接导致相关政策措施的不易出台。

地方政府举债的原因，还包括财政体制上财政主体的多元化和地方财政的不健全。在财政主体问题上，几乎所有政府部门都有财政行为，这种行为同样延伸至举债。财政主体多元化导致各级政府将财政预算简单等同于计划，预算权分散在政府各个部门，没有办法统一管理，而一些政府预算项目并未纳入预算管理。地方财政财力与事权的不相匹配，导致地方财政过度依赖中央政府的转移支付，地方财政收支平衡往往难以自制；地方政府没有税收立法权也没有举债权，投资冲动难以抑制。中国地方政府的债务问题和风险，是沿袭多年且成惯性的非规范体制。其根本出路在于实施全方位和深层次的改革，尽快赋予地方政府发债权，通过体制的因素来解决当前地方债所隐含的风险问题。

参考文献

财政部：《关于 2010 年中央和地方预算执行情况与 2011 年中央和地方预算草案的报告——2011 年 3 月 5 日在第十一届全国人民代表大会第四次会议上》，2011 年 3 月 19 日《中国财经报》。

高培勇：《减税须从认清政府收入格局做起》，2011 年 1 月 11 日《中国财经报》。

高培勇：《解决收入分配问题重在建机制增渠道》，2010 年 10 月 13 日《人民日报》。

高培勇：《增值税扩围的意义与障碍》，《数字商业时代》2011 年第 2 期。

肖捷：《走出宏观税负的误区》，《中国改革》2010 年第 10 期。

Ⓑ.6

资本市场运行：
2010 年分析与 2011 年展望

摘　要： 2010 年上证综指最终以 - 14.31% 的涨幅作收，影响中国股市运行的主要因素是宏观政策和通胀预期；全年一级市场融资规模大幅增加，二级市场呈现结构分化特征，创新市场与产品开局良好。影响 2011 年股票市场走势的主要因素有：宏观经济政策调整、财政政策和货币政策走向、CPI 走势、地方政府融资平台的运行状况、投资者结构的变化、房地产调控政策及楼市的走势，以及发达国家的经济复苏步伐及其他国际因素等。

关键词： 资本市场　股票市场　债券市场

2010 年中国股市并没有走出市场参与者各方在年初预期的上行行情，全年上证综指以 3289.75 点开盘，以 2808.08 点收盘，下跌了 14.31%；从收盘指数上看，最高为 3306.75 点，

---

* 王国刚、尹中立，中国社会科学院金融研究所。

最低为 2319.74 点。影响 2010 年中国股市运行走势的主要因素是宏观政策和通胀预期。2010 年的上半年，房地产调控政策的出台导致股市选择向下突破，4 月中旬，在调整房地产、整顿地方政府融资平台、重启人民币汇率改革和调整出口退税等有关政策的影响下，上证指数一路下行，曾经跌破了 2300 点；随着物价的逐渐走高，下半年的股市开始关注煤炭、有色金属等受益于通胀的板块，股指在 7 月份展开了一轮快速反弹，达到 2600 多点，11 月份突破了 3100 点；但物价的快速上行（11 月份 CPI 超过了 5%）使市场对货币政策转向的担忧开始增加，股价在向上突破未果的情况下在 12 月份开始快速回落。2010 年股指最终以 -14.31% 的涨幅作收。

2011 年上半年，股市运行将持续受到物价波动的影响，物价上涨及负利率有利于资源类股价的上涨，但物价的上行会导致金融政策的收缩，对股价走势产生抑制作用。另外，房地产市场的运行趋势也将对股市产生重大影响，若楼市出现软着陆，则股市将成为居民资产配置的主要渠道，有利于股市的上行；反之，若楼市出现硬着陆，周期性行业都会受到冲击，股市则难有表现。CPI 上行不断给市场以提高利率的压力，由此，债券市场的回调不可避免。

一　2010 年股票市场运行分析

2010 年中国股票市场的融资功能迅速恢复，融资规模创历史新高，A 股市场共计融资 9834 亿元人民币；二级市场走势出现明显的结构性分化，大盘蓝筹股走势低迷，而小市值股票表现十分活跃，对应的是上证综合指数出现震荡下挫，全年上证综合指数下跌 14.3%，但中小板指数上涨 21.2%。

（一）一级市场融资规模大幅增加

自 2009 年 6 月监管部门启动第一轮新股发行体制改革并重启新股发行以后，一级市场的融资功能逐步恢复。主板、中小板和 2009 年 10 月末开设的创业板，为企业提供了多元化的上市融资平台。进入 2010 年，一级市场融资速度加快。从表 1 可见，A 股市场筹资总额已接近 10000 亿元人民币。其中，A 股首发融资 4923 亿元，占全部融资额的 50.04%，上市公司再融资规模接近 5000 亿元，均超过上年全年水平。

2010 年新股发行的密度高于往年，筹资规模更是创出 2008 年以来的新高，但总体来看并没有对二级市场投资者造成太大冲击。究其原因有四：第一，2010 年的新上市公司相当一部分是中小型企业，这些公司单体融资额较小，冻结申购资金总量有限，其融资行为对投资者的心理冲击力远远比不上大型企业；第二，由主板、中小板和创业板组成的多元化新股发行和上市平台，在一定程度上改变了以往新股发行集中于主板市场的局面，降低了主板市场压力；第三，监管部门进行的新股发行体制改革，客观上提高了新股定价的市场化水平，照顾了中小投资者的申购要求，限制了机构投资者的申购量和参与机会，新股首日溢价收窄，减弱了申购期内资金集中涌入一

表1 2010年中国股市场融资总额与结构

时间	境内外筹资合计	境内筹资合计	首次发行金额 A股（亿元）	首次发行金额 H股（亿美元）	首次发行金额 合人民币（亿元）	再融资金额 A股（亿元）公开增发	再融资金额 A股（亿元）定向增发	再融资金额 配股（亿元）	再融资金额 权证行权	H股（亿美元）	合人民币（亿元）
1月	860	818	425			0	355	20	18	6	42
2月	810	659	395			0	252	0	12	23	152
3月	672	609	314			12	101	180	2	10	63
4月	1031	445	349			22	74	0	0	89	586
5月	733	733	440			10	102	179	2	0	0
6月	1323	527	210	120	796	0	146	171	0	0	0
7月	1135	1024	860	0	0	0	134	29	1	17	111
8月	653	634	498	0	0	37	83	16	0	3	19
9月	614	486	360	15	98	4	55	0	67	4	30
10月	1451	1274	290	0	0	187	791	6	0	27	177
11月	1435	1434	361	0	0	10	233	830	0	0	1
12月	2225	1192	421	156	1033	96	619	56	0	0	0
合计	12943	9835	4923	291	1927	378	2945	1487	102	179	1181

注：汇率按照2010年12月31日计算，1美元＝6.6227元人民币，1港元＝0.8509元人民币。

资料来源：根据中国证监会统计数据计算得出。

级市场的势头；第四，中小板市场总体上扬的行情，为新股成功发行创造了良好条件。

（二）二级市场呈现结构分化特征

受 2009 年宽松货币政策影响，2009 年股市呈现强劲上扬走势，市场乐观气氛占主导地位，对股市的乐观预期持续到 2010 年第一季度。加上 2010 年初信贷的快速增长，总体资金面较宽裕，因此，第一季度股市总体在高位运行，上证综合指数一直在 3000 点以上盘整。2010 年初的投资银行报告对市场的预测八成以上认为 3000 点是市场的底部。4 月 17 日，中央出台了《国务院关于坚决遏制部分城市房价过快上涨的通知》（2010 年国务院 10 号文），该政策在出台的时点和内容方面都超出了市场的预期［从以往的经验看，以国务院文件的方式对房地产市场进行调控，每年只出台一次，而 2010 年 1 月份国务院出台了《国务院办公厅关于促进房地产市场平稳健康发展的通知》（2010 年国务院 4 号文），因此，4 月再次对房地产行业出台政策进行调控是超预期的；从内容看，10 号文件将二套住房的按揭贷款条件提高了很多，在部分城市采取的限购措施等也超出市场预期］。房地产调控政策的超市场预期导致投资者纷纷抛售房地产类股票及与之相关的周期类股票（如金融、钢铁、电力、煤炭、有色金属等），上证综指出现向下突破的走势，从 4 月初的约 3100 点，最低下调至 7 月初的 2320 点，阶段性跌幅达到 25%。

7 月份以后，随着十七届五中全会的召开，会议强调要保持宏观政策的稳定性和连续性，使股市投资者对多项政策叠加负面效应的担心弱化；同时，2010 年上半年的各项主要经济数据均处在较好的状态，上市公司的盈利能力增长较快，加上市场资金充裕，股市投资者信心有所恢复，上证综指在一个月内稳步回调至 2600 点上方，并在该位置徘徊至 9 月末。进入第四季度，资金出现了极度充裕的情况，由于欧债危机加剧及对国内经济所谓"二次探底"的担忧，央行于第三季度在公开市场净投放头寸 9470 亿元，加上 6 月 19 日汇改重启，外汇占款猛增 1 万亿元，在第三季度市场投放的净头寸增加 1.9 万亿元。货币政策事实上重回极宽松的轨道。股市与期货市场在 10 月份开始了一轮联袂上涨的行情，上证综合指数在 10 月份上涨了 12%，成为 2010 年表现最好的一个月，也是 2009 年 8 月份之后股市表现最好的一个月。

市场出现明显的结构性分化，是 2010 年股市二级市场的最主要特点。从上证综合指数与中小板指数比较图可以看出，从 2009 年初开始中小板指数与上证综指出现分化走势，2010 年这两个市场的分化更加显著，尤其是 2010 年 6 月份之后两个市场的指数曲线差距越来越大。中小板指数在 10 月份超越了 2008 年初的高位，11 月份再创历史新高 7490 点，而上证综指此时距离历史高位尚十分遥远，需要上涨一倍多才能超越 2007 年的历史高位 6124 点。中小板市场走势明显强于主板市场。

2010 年股市的运行特点与 2007 年正好相反。尽管上证综指的走势与中小板指数在 2008 年 12 月份之前几乎是重合的，但熟悉股市历史走势的人对当年蓝筹股领涨的格局仍然记忆犹新，2007 年蓝筹股的涨幅大于小市值股票的涨幅，上证综合指数的最大涨幅为 189%，而中小板指数的最大涨幅仅 156%。可见，沪市在 2007~2008 年处于主导者的地位。

为什么在相同的经济形势和政策环境下，不同时间里中小板市场与主板市场有不同的表现？其主要原因是投资者结构出现了变化以及经济结构出现了变化。

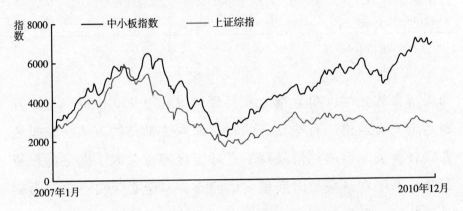

图 1　2007~2010 年上证综指与中小板指数比较

资料来源：Wind 资讯，中国社会科学院金融所。

从投资者结构看，2007 年基金规模高速增长，当年基金总份额增加了 16109 亿（见表 2），基金总资产增加了 24191 亿元。投资者积极申购基金的热情来自 2006 年基金行业取得的良好收益率，2006 年有 39 只基金的年收益超过 100%，收益最好的基金（景顺长城）收益达 182%，远远高于储蓄存款 4% 左右的年收益率。2007 年基金的收益水平高于 2006 年，有 77 只基金的收益超过 100%，最好的基金（中邮核心优选）收益水平达 191%。连续两年的超额收益较大地刺激了投资者

表 2   2005~2010 年基金规模年度统计

年份	基金只数	年底基金份额（亿）	基金份额增长数量（亿）	年底基金资产（亿元）	基金资产增加数量（亿元）
2005	219	4716.923		4693.837	
2006	308	6222.767	1506	8564.611	3871
2007	346	22331.61	16109	32755.9	24191
2008	439	25741.31	3410	19388.67	-13367
2009	557	24535.94	-1205	26454.05	7065
2010	704	24228.39	-308	24860.98	-1593

资料来源：Wind 资讯。

购买基金的热情，单只基金发行规模曾超过 900 亿份。为了控制基金发行规模，有些基金的发行采取了抽签的方式。在投资者疯狂购买基金的热情鼓舞下，基金经理也采取了激进的投资策略。为了在最短的时间里完成建仓，基金必须将所得资金购买蓝筹股，导致蓝筹股成为市场上涨的主导力量。因此，2007年的上证综指涨幅领先于中小板指数就不足为怪了。

但经过 2008 年股市的单边下跌，基金投资者损失惨重，股票型基金净值平均缩水超过 50%，投资者对基金的投资热情与盲目信任完全消失了。尽管 2009 年股市表现并不亚于 2007年，基金也获得了良好的业绩，有 101 只基金收益超过 70%，超过 50% 收益的基金达 147 只，但投资者对基金的信任还远远没有恢复。2009 年基金发行规模超过 2000 亿份，但年底总规模还减少了 1206 亿份，基金的发行规模不足以抵消赎回的数量。2010 年同样如此，因为全年股价走势不及 2009 年，基金总体业绩远远不如 2009 年。2010 年收益最好的基金只获得了 37% 的收益率，大多数基金的收益不到 10%，全年基金发行规模超过 2000 亿份，但股票型基金总规模减少 307 亿份。基金的发行规模保持在一定数量而总规模却在减少，其背后是不少基金投资者赎回老基金去申购新基金。新发行的基金规模一般较小，如果投资大盘蓝筹股则同样会面临被投资者赎回的风险，投资小市值的股票成为可行的选择。

导致 2010 年中小板和创业板市场繁荣的另外一个原因是，私募股权投资市场的兴起。2009 年后，在信贷高速扩张和外汇占款快速增长的情况下，中国总体金融环境是资本过剩，民间资金十分充裕。其中，不少民间资本通过私募股权投资的方式进入资本市场。私募股权投资的总规模无法统计，但其作为一股新兴的力量对资本市场的影响力越来越大。这些资本不仅参与 PE 及上市公司的定向增发等一级市场的投资，而且积极参与股市二级市场的运作。因为它们资金实力较强，市场信息透明度较低、身份比较隐蔽，容易走上"坐庄"的路子，即利用资金的优势操纵股票的价格，从而获取利润。这些资金一般选择股本较小的股票进行投资，中小板和创业板理所当然成为这些资金追逐的对象。一方面，中小板和创业板股票的股本小，市值小，价格容易控制；另一方面，中小板和创业板的上市公司实际控制人多为自然人，他们希望股价上涨。

由上述分析可见，不仅公募基金选择了中小板和创业板市场，而且民间私募基金同样选择了中小板和创业板。这是 2010 年我国股票市场出现结构性分化的最主要原因。

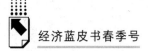
从经济结构看，2003 年到 2008 年 8 月，全球大宗商品价格在美元贬值的刺激下及中国等新兴市场国家需求的推动下出现持续上涨行情，煤炭、石油、石化、钢铁、有色金属等行业的公司盈利快速上升，而这些行业都是国有控股的大型上市公司，对应的股票大多属于上海股票市场上的蓝筹股。因此，在此期间蓝筹股受到追捧是理所当然了，主板市场的表现超过中小板市场也属情理之中。2008 年底开始，为了应对金融危机，我国推出积极财政政策，并提出了一系列发展新兴产业的政策措施。这些政策的受益者是中小企业，在中小板及创业板市场上市的公司是这些政策的受益者。

（三）创新市场与产品开局良好

2009 年末和 2010 年上半年，中国先后推出的创业板市场、股指期货合约和融资融券业务，它们是中国资本市场新的重要的组成部分，对于弥补市场功能缺陷具有重要意义。

2009 年 10 月末开市的创业板市场，是中小型创业公司进行股票发行和上市交易的场所，它的设立为创业企业融资提供了新的渠道，也为投资者交易创业企业股票提供了平台。截止到 2010 年 12 月末，创业板市场已有 160 家上市公司。创业板市场的二级市场运行保持基本平稳，绝大多数交易日创业板指数都在 900～1200 点区间内波动。值得注意的是，与 2009 年开板初期相比，2010 年 4 月以后，创业板上市公司的股价和市盈率已大幅下落，一些创业板上市公司的经营业绩远不如预期，因此，投资者最初的"高温"投资热情已开始减退。另一方面，2010 年下半年以后，有关部分创业板上市公司高管人员辞职并准备出售本公司股票的信息，对市场产生了一定的负面影响。一些投资者担心上市公司的高管人员抛售股票可能对创业板上市公司的未来发展造成不利影响，对创业板市场的股价波动造成新的压力，给创业板市场的稳步发展带来负面效应。但中小板和创业板市场依然是当前市场关注的热点，市场总体还处在非常活跃的状态。

2010 年 3 月推出的融资融券试点业务和 4 月推出的股指期货交易，是监管机构和交易所经过多年准备而推出的两项资本市场创新业务。这两项创新为股票市场增加了做空机制和套期保值的手段。融资融券为投资者提供资金和证券借贷服务，实际上是允许投资者在股票市场中进行杠杆操作，增加了投资者可用资金（证券）数量，同时也增加了投资者未来可能面临的股价波动风险。证券公司是融资融券业务的主办机构，参与该业务投资者的资质目前还受到一定限制，投资者开户资金应在 100 万元以上（后降至 50 万元）。尽管如此，中国股票市场中具备参与资质的机构和个人投资者数量仍然十分巨大。但从目前的业务开展情况来看，还没有发现大型投资者频繁参与该项业务的迹象。截止到 2010 年 12 月末，融资融券业务中的融资余额为 84 亿元、融券余额则仅有 410 万元①。鉴于这项业务还处在试点阶段，交易规模有限亦属正常。但应当看到，这项业务的大规模发展，还需要有更成熟的证券经营机构和投资

---

① 数据来源：网易财经证券行情数据。

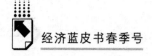
者群体来参与和支持。

股指期货 2010 年 4 月 16 日上市交易以来，市场整体运行平稳，交投活跃，期现货价格拟合程度较好，交割基本顺利，市场秩序属理性规范。沪深 300 指数期货自 4 月 16 日上市至今已经运行了 8 个多月，在此期间，充分发挥了套期保值及价格发现的两大功能。在股指期货运行的 8 个多月时间里，持仓量呈稳步增加的趋势：上市第 4 天（4 月 21 日）突破 5000 手；第 14 天（5 月 6 日）突破 10000 手；6 月 21 日则突破 20000 手大关。与此同时，股指期货开户数也在不断增加。2010 年股指期货开户数 6 万户左右，其中个人客户占比在 95% 以上。

股指期货上市后，受到国内房地产调控、欧洲债务危机、美国二次量化宽松政策、国内宏观调控政策等宏观事件的影响，于 2010 年 4 月 19 日、6 月 29 日和 11 月 12 日分别出现了 6.55%、5.15% 和 6.25% 的大跌，而在 10 月 15 日和 10 月 25 日则分别出现了 4.45% 和 4.11% 的大涨。不过由于整个市场的风险控制得当和风险教育充足，投资者的风险意识较强，在这几次暴涨暴跌中并没有发生任何的爆仓事件。至 2010 年 12 月 31 日，沪深 300 股指期货累计成交 0.92 亿手，成交金额为 821397 亿元，占全国总额的 26.57%，日成交量在 20 万手附近。

2010 年的上市元年，股指期货市场平稳运行，期现价格保持高度联动性，可以满足投资者利用股指期货进行套保、对冲、代替及套利等各种投资需求。在成交持仓方面，股指期货经历了上市之初成交量与持仓量在迅速上升后，保持相对稳定，成交与持仓比持续下滑，市场日内炒作气氛大幅度减弱，但市场仍然保持适当的规模，可供各种类型的投资者参与。

二　2010 年债券市场运行分析

债券市场总体规模增长较快。2010 年各类债券产品发行总量达 9.82 万亿元，扣除到期量后，净发行规模达 2.76 万亿元，其中企业债券市场继续保持较快增长，2010 年增量规模仍然高于政府债券和金融债券；全年交易总量保持稳定增长，累计规模达 169.58 万亿元，较 2009 年增加 43.47 万亿元。

从市场行情看，上半年的信贷控制使得金融系统流动性处于相对宽松的水平，而同期 CPI 也处于相对低位，债券市场因此获得明显支撑，收益率下行明显；但进入 7 月份以后，尤其是第四季度，信贷控制力度的减弱使得市场流动性逐渐趋紧，CPI 的明显上行、加息和准备金率的数次上调对市场形成明显冲击，第四季度债市表现低迷，收益率上行明显；全年来看，市场波动比较明显，年末中债总全价指数收于 116.018，下跌 0.95%。

（一）债券一级市场状况

2010 年国债发行市场相对平稳，全年国债发行总量 1.78 万亿元，较 2009 年上升 9.65%；另外，当年财政部继续代理发行地方政府债 2000 亿元，为地方政府继续实施 4 万亿元财政刺激政策提供保障。

与政府债券发行反映财政政策意图相对应的是，央票发行更多的反映货币政策意图，央行通过控制央票发行规模来回笼金融系统流动性，对商业银行信贷等操作进行指导。2010 年货币政策仍然执行相对宽松的原则，全年央票累计发行规模达 4.66 万亿元，较 2009 年增长 17.28%，净发行量为 -1417.28 亿元，即向公开市场投放货币 1417.28 亿元（见表 3）。

表 3　2010 年债券市场整体状况[*]

单位：亿元

券　种	2009 年末余额	2010 年末余额	发行额	净增额	交易额
政府债券	72493.29	57411.37	19778.18	8996.92	375130.68
央行票据	40908.83	42326.11	46608.00	-1417.28	431508.60
金融债券	59355.94	50952.26	15262.20	8403.68	540748.07
企业债券	37994.01	26355.23	16562.75	11638.78	348185.24
资产支持证券	182.32	398.58	0.00	-216.26	186.86
国际机构债券	40.00	40.00	0.00	0.00	10.98
合　　计	210974.39	177483.55	98211.13	27405.84	1695770.43

　　[*] 表中政府债券含国债和地方政府债；金融债券含政策性银行债、商业银行债、政府支持机构债（即汇金债）和非银行金融机构债；企业债券含发改委审批的企业债、中期票据、短期融资券、公司债、可转债、可分离交易可转债、中小企业集合债和中小企业集合票据。

　　资料来源：中债信息网、中国证券登记结算有限公司、上交所、深交所、中信证券。

金融债券仍以政策性银行债为主体，后者 2010 年的发行总量达 1.32 万亿元，较 2009 年增长 12.97%；受监管部门审批限制，商业银行次级债发行量明显下降，2010 年为 929.50 亿元，较 2009 年下降近 2000 亿元；商业银行次级债的下降部分由汇金债（亦称政府支持机构债）弥补，后者 2010 年发行量为 1090 亿元，从总量看，2010 年金融债券共发行近 1.53 万亿元（见表 3），同比增长 3.48%。

企业债券发行在经历了 2009 年的大幅增长之后，2010 年规模相对稳定，全年共发行近 1.66 万亿元，只比 2009 年增长 0.03%（见表 3），其中，短期融资券发行规模仍保持较大幅度增长，全年发行 6742.35 亿元，增长 46.19%；企业债券和中期票据发行量则有明显下降，全年合计发行 8551.03 亿元，下降 23.22%；两只大盘转债（工行转债和中行转债）使得交易所转债市场扩容明显，全年发行量 717.30 亿元，是 2009 年的 15.39 倍。

考虑到每年债券有一定的到期规模，为考察债券市场净发行规模，可以将各类债券的发行量减去兑付额后得到的净发行规模进行分析，如表 4 所示。对比表 4 和表 5 的数据，可以发现，虽然 2008 年以来，每年的债券发行规模均有稳定增长，但是扣除兑付额后的净发行规模保持相对稳定，2010 年债券市场净发行规模为 2.74 万亿元，较 2009 年增长 10.15%，与 2008 年基本持平；到期规模最大的债券品种为央行票据，以 2010 年为例，虽然当年发行量达 4.66 万亿元，但到期量超过了当年的发行量，达 4.8 万亿元，因此央票总规模反而有所下降；2009 年以来，企业债券市场连续两年成为净发行规模最高的券种，2009 年净发行规模达债券市场的半壁江山，2010 年所占权重虽有所下降，仍超过 40%；政府债券和金融债券 2010 年的净发行规模与 2009 年基本接近，占债券市场净供给的 63% 左右。

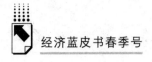

表4　2008～2010年债券市场发行量

单位：亿元，%

券　种	2010 年		2009 年		2008 年	
	发行量	占比	发行量	占比	发行量	占比
政府债券	19778.18	20.14	18213.58	20.40	8546.39	11.70
央行票据	46608.00	47.46	39740.00	44.52	42960.00	58.83
金融债券	15262.20	15.54	14749.10	16.52	11783.30	16.14
企业债券	16562.75	16.86	16557.04	18.55	9433.45	12.92
资产支持证券	0.00	0.00	0.00	0.00	302.01	0.41
国际机构债券	0.00	0.00	10.00	0.01	0	0.00
合　计	98211.13	100.00	89269.72	100.00	73025.15	100.00

资料来源：中债信息网、中国证券登记结算有限公司、上交所、深交所、中信证券。

表5　2008～2010年债券市场净发行量

单位：亿元，%

券　种	2010 年		2009 年		2008 年	
	净发行量	占比	净发行量	占比	净发行量	占比
政府债券	8996.92	32.83	8618.01	34.64	1150.75	4.17
央行票据	-1417.28	-5.17	-5794.84	-23.29	11534.00	41.75
金融债券	8403.68	30.66	9983.92	40.13	8698.59	31.49
企业债券	11638.78	42.47	12216.79	49.10	6014.36	21.77
资产支持证券	-216.26	-0.79	-152.48	-0.61	227.01	0.82
国际机构债券	0.00	0.00	10.00	0.04	0.00	0.00
合　计	27405.84	100.00	24881.40	100.00	27624.71	100.00

资料来源：中债信息网、中国证券登记结算有限公司、上交所、深交所、中信证券。

（二）债券二级市场状况

2010年债券成交量达169.58万亿元，同比增长35.28%；其中交易所市场增速较快，全年成交7.10万亿元，较2009年增长 81.30%，银行间市场全年成交 162.48 万亿元，同比增长 33.79%，银行间市场交易规模仍占绝对优势（见表 6）。

表 6　2010 年债券市场交易规模

单位：亿元，%

交易场所	2010 年		2009 年	
	交易量	占比	交易量	占比
银行间市场	1624801.68	95.81	1214412.24	96.88
交易所市场	70968.75	4.19	39143.71	3.12
合　计	1695770.43	100.00	1253555.95	100.00

资料来源：中债信息网、中国证券登记结算有限公司、上交所、深交所、中信证券。

交易所市场交易规模的大幅跃升主要缘于质押式回购的增长，2010 年交易所市场质押式回购规模几乎翻倍；银行间市场仍以质押式回购成交规模最大，2010 年成交量为 91.76 万亿元，增长 31.14%，现券成交量达 67.69 万亿元，增长 38.51%，买断式回购成交量为 3.03 万亿元，增长 16.39%（见表 7）。

表 7　2010 年债券市场各类交易规模

单位：亿元

交易场所	现券		质押式回购		买断式回购	
	2010 年	2009 年	2010 年	2009 年	2010 年	2009 年
银行间市场	676872.1	488682.1	917646.6	699711.2	30282.8	26018.8
交易所市场	4734.7	3621.7	66233.9	35521.9	0.00	0.00
合　计	681606.8	492303.8	983880.5	735233.1	30282.8	26018.8

资料来源：中债信息网、中国证券登记结算有限公司、上交所、深交所、中信证券。

分券种看，金融债券、企业债券和央行票据的现券成交规模最大，其中企业债券现券成交规模在 2010 年超过央行票据，主要缘于中期票据成交规模的大幅上升；质押式回购以政府债券、金融债券和央行票据为主，反映市场更偏好以利率产品作为质押式回购的券种；2010 年企业债券买断式回购规模大幅上升，增幅达 219.10%，基本上弥补了央票买断式回购规模的下降，而金融债券 2010 年的买断式回购规模同样有明显上升（见表 8）。

表 8　2010 年债券市场各类产品交易规模

单位：亿元

券　种	现券		质押式回购		买断式回购	
	2010 年	2009 年	2010 年	2009 年	2010 年	2009 年
政府债券	80375.55	43415.44	292536.33	228904.20	2218.80	1769.28
央行票据	179828.37	145604.36	248612.75	214756.98	3067.48	12453.10
金融债券	228862.42	182971.18	298535.02	223538.43	13350.63	8146.86
企业债券	192510.58	120213.70	144028.70	67991.13	11645.96	3649.64
资产支持证券	20.17	96.25	166.69	41.80	0	0
国际机构债券	9.88	3.00	1.10	0.60	0	0
合　计	681606.97	492303.93	983880.59	735233.14	30282.87	26018.88

资料来源：中债信息网、中国证券登记结算有限公司、上交所、深交所、中信证券。

从债券市场收益率变动看，2010 年银行间债券市场整体呈先平坦化下行、后平坦化上行趋势。前三季度受紧缩政策和相对宽松资金面影响，收益率下行明显，8 月底 10 年期国债较年初下行 40 个基点左右，自 9 月份以后，受信贷放松、经济增长以及第四季度加息和准备金率上调的因素冲击，收益率呈平坦化上行，至 11 月后又有所下行。全年来看，1 年、5 年和 10 年期国债收益率较 2009 年末分别上行 161 个基点、62 个基点和 23 个基点；1 年、5 年和 10 年期政策性金融债较 2009 年末分别上行 150 个基点、29 个基点和 8 个基点。

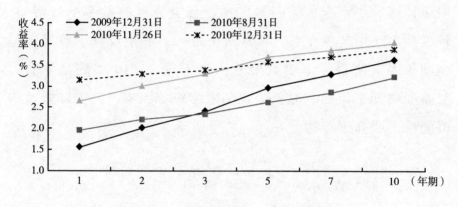

图 2   2010 年国债收益率曲线变动

资料来源：Wind 资讯。

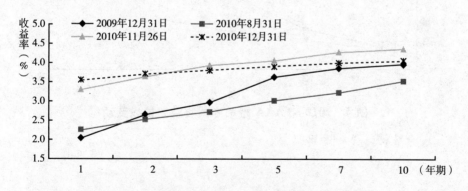

图 3   2010 年政策性金融债收益率曲线变动

资料来源：Wind 资讯。

受供小于求、宽松资金面和信贷控制等因素影响，2010 年 1～8 月信用产品收益率整体明显下行，8 月底，5 年期中票收益率较年初下行 90 个基点左右；8 月份之后则与利率产品同样明显上行，大幅超出年初高点，1 年期短融、3 年期和 5 年期中票较 2009 年末分别上行 144 个基点、44 个基点和 28 个基点。

交易所市场信用债收益率波动与银行间市场比较类似，受股市低迷、供不应求等因素支撑，各类券种收益率下行明显，幅度达 100 个基点左右，至 9 月份之后，股市反弹、货币政策变动等因素使收益率明显抬升；全年看，2010 年底具体券种收益率略低于年初，但考虑到期限缩短等因素，其实际收益率可能持平或高于年初。

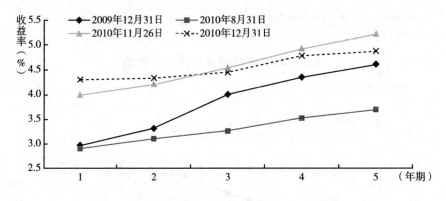

图 4　2010 年 AAA 短融中票收益率曲线变动

资料来源：Wind 资讯。

三　2011 年资本市场发展趋势展望

影响 2011 年股票市场走势的主要因素有：宏观经济政策调整、财政政策和货币政策走向、CPI 走势、地方政府融资平台的运行状况、投资者结构的变化、房地产调控政策及楼市的走势、发达国家的经济复苏步伐及其他国际因素等。需要认真分析和观察的经济指标是物价指数，物价走势将决定货币政策走向，同样，物价走势也和房地产调控政策直接相关。2011年上半年的物价总体在高位运行，货币信贷的控制力度将较大，会对股市产生抑制作用，股市可能在上半年出现震荡筑底的走势。如果物价在下半年出现和预期一致的回落，则股市将出现一定的反弹。需要防范的风险是房地产市场出现硬着陆及国际资本流向的逆转。如果出现房地产市场硬着陆，则国际资本会快速从中国撤出，股价将出现较大幅度的回落。

2011 年物价继续走高，债券收益率水平继续上行，债券价格将继续熊市特征。

（一）2011 年股票市场展望

展望 2011 年，我们认为以下几个因素将对股市运行产生较大影响。

1. 货币政策走向

2009 ~ 2010 年，货币政策对股市产生了最直接的影响。为了应对全球金融危机，我国从 2008 年 11 月份开始实施适度宽松的货币政策，主要表现是信贷的快速增长，使股市在极度悲观的气氛中迅速反转，至 2009 年 7 月底股价已经比 2008 年11 月份的最低位上涨了一倍多。但从 2009 年 8 月份开始，信贷增长的速度开始受到一定的控制，每月信贷的增量开始回归到接近正常的水平，对应的股市在 2009 年下半年出现调整。

2010 年初出台的 7.5 万亿元的信贷规模计划对 2010 年上半年的股市产生了一定的抑制作用，因为该计划比上一年度的实际信贷增量少了两成多。但 2010 年中，随着对经济"二次探底"的担忧加剧中央银行在公开市场操作中投放了大量资金（见前面的分析），股市开始见底回升；至 12 月份，中央经济工作会议将货币政策的基调由"适度宽松"调整为"稳健"，使正在上升的股市出现快速回调。

2011 年的宏观经济政策总体部署是"积极的财政政策和稳健的货币政策"、"把控制物价放在更加突出的位置上"。因此，股票市场面临的资金环境不会比 2010 年更好。尤其需要关注的是"控制社会融资总量"政策的实施落实情况。从2010 年情况看，尽管银行表内信贷增加 7.9 万亿元，接近年初制定的 7.5 万亿元的计划，但银行表外信贷数量较大，以"社会融资总量"计算，2010 年与 2009 年基本一致。如果在2011 年将银行表外信贷业务纳入表内计算，而信贷总量依然不变，则资金面必然紧张。

2. 与货币政策有关的是物价

从 2010 年物价走势看，2011 年物价的统计翘尾因素呈现前高后低的分布，翘尾因素最高出现在 1 月份和 6 月份，从新涨价因素看，物价上涨的压力不容小视：①国际大宗商品价格上升形成的压力。2010 年下半年开始，国际市场上的粮食、石油等大宗商品价格出现快速上涨，尤其是美国实施二次量化宽松货币政策之后，这些大宗商品价格出现加速上涨。2011 年初出现的埃及、利比亚等国家的政治变局会进一步刺

激石油价格的上涨。②劳动力成本出现快速上升。随着国家
对劳动者的保护强度的增加及人口结构的快速变化，一般工
人工资正在出现快速上涨。③我国出现大面积自然灾害（包
括冰雪灾害、北方旱情和洪涝灾害等）可能对粮食等农产品
的生产有较明显影响，由此，农产品价格上涨的压力依然严
重。

从目前的政策操作看，出现外松内紧的特点。表面上看货
币政策回归"稳健"，但具体的信贷政策却空前收紧，多数银
行对房地产行业信贷采取了严格的控制，使 M1 增长速度在
2011 年 1 月份迅速降到 13%，远超出市场的预期。加上存款
准备金率的多次提高，银行资金流动性已经比较紧张。2011
年 1、2 月份 CPI 出现小幅回调，可能使货币政策收紧的压力
稍稍减缓，市场可能出现阶段性机会。

如果 2011 年下半年物价走势出现超预期的情况，则货币
信贷将从紧，股市面临资金压力。根据历史的经验，股市难有
好的表现。

3. 房地产调控政策及楼市的走势

该因素对股市影响十分明显。2010 年的股市价格波动与
房地产调控政策及楼市走势息息相关。2010 年 4 月 17 日，国
务院出台新一轮房地产调控政策，市场预期楼市将出现下行走
势，相关的周期性行业都会受到影响，导致了股价破位下行。
但房地产市场的运行现实比市场预期的要好，使股市出现反
弹；至 2010 年 9 月底，政府出台新的房地产调控措施，市场
解读为"利空出尽"，股市随即选择了向上突破。两次房地产

调控政策导致了股价运行的两次大的波动。由此可见，股市的运行与房地产政策及房地产业走势密切相关。

2011 年 2 月初，政府开始的新一轮房地产调控，核心内容是扩大"限购"的城市范围。2010 年，只有北京等少数城市出台了住房限购政策，但此次列入限购的城市超过 30 个，涵盖了几乎所有的直辖市、省会城市和计划单列市。股票市场预期此政策会将楼市投资的资金挤到股市，有利于股市的上涨。2010 年 9 月底，首次出台住房限购政策时，市场也出现类似的预期，并促使股市在 10 月份和 11 月份出现强有力的上涨行情，10 月份居民储蓄存款减少 7003 亿元，当月约 11000 亿元储蓄存款进入了股市；但 11 月份之后楼市交易继续活跃，而股市则陷入调整，可见楼市资金分流到股市的趋势没有持续下去。2011 年扩大范围的住房限购政策能否促使楼市资金持续分流股市，还需要市场检验。

4. 发达国家的经济复苏步伐及其他国际因素

对于当前的中国而言，国内资产价格的波动不仅取决于国内的货币政策，而且与国际资本流动密切相关，在一定程度上可以说后者的作用要大于前者。2003 年以来，尤其是 2005 年以来，中国经济与美国经济的关系越来越紧密。因为美国经济遭遇次贷危机，使人民币汇率升值的压力与日俱增，结果是全球的资本向中国聚集，形成中国金融体系的流动性过剩，这是 2005 年以来中国房地产市场繁荣的基础。只要这样的局面不变，房地产市场的繁荣就不会结束。

但 2011 年需要我们关注的是，上述情况有可能发生改变。

尽管 2011 年全球将继续维持弱复苏格局，新兴经济体和资源国依旧是最大的亮点，但与 2010 年的区别在于，发达经济体的复苏更有看点，尤其是美国表现将好于 2010 年，美国将再度吸引全球资本的兴趣——这对于新兴市场来说，可能意味着即将面临资金大举抽离的梦魇。尤其是美国的财政刺激计划的出笼，让美国的复苏更加确定。机构纷纷立刻大幅上调了对 2011 年美国经济的预期，摩根大通把 2011 年经济增长预期从 3% 上调至 3.5%；德意志银行则上调了 0.7 个百分点，预计 2011 美国经济增长率将达到 4.1%。相信之后美国会迎来越来越多的利好数据，逐步驱散市场的恐慌情绪，增强美元资产的吸引力。

历史经验也表明，新兴市场在美元贬值时往往资金非常充裕，而当美元汇率触底时，资本通常会外流，从而迅速刺破资产泡沫，类似悲剧在 20 世纪 80 年代及 90 年代都曾经发生。当经济复苏被确认，发达经济体的金融资产会因为洼地效应赢得资金的青睐。经济复苏推升美元资产收益率，加上货币政策紧缩的预期增强，将把美国打造成为一个巨大的吸金怪兽。而同时，美国需求转暖预期推升全球资源品价格进入新一轮上行通道，加大通胀压力，这会给新兴市场国家最后一击，迫使新兴国家货币当局进一步加大紧缩力度。

随着发达经济体资金需求的上升及新兴市场国家紧缩力度达到顶点，资金会大量抽离新兴市场回流欧美，新兴国家资产泡沫破灭、经济因需求萎缩而迅速下降，过剩产能将再次凸显。

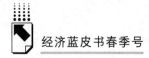

2011 年初，全球股市对此似乎已经作出了反应：欧美股市不断创危机后的新高，而包括中国在内的新兴市场国家的股市则一蹶不振。

（二）2011 年债券市场展望

从基本面看，2011 年经济同比增长基本平稳；从环比的角度，GDP 增长率可能将呈现先抑后扬的态势，上半年 GDP 环比将从 2010 年 12% 的高位回落，第二季度 GDP 环比增长折年率可能将下降到 8% 左右，下半年则会有所反弹。总体来看，如果将广义货币增长率控制在 16% 左右，2011 年全年经济下行风险不大。上半年环比增速下降主要是由于政府出于抑制通胀动机而进行的主动紧缩。一旦通胀下行，政策紧缩力度将会有所放松，经济环比增速也会有所反弹。

2011 年宏观经济形势中比较不确定的是通货膨胀。在信贷投放规模控制、连续加息以及上调存款准备金的累计效应作用下，2011 年通胀压力开始有所减弱，环比逐渐恢复到 2% ~ 3% 的水平，比 2010 年 15% 的增长率有大幅的下行。但是通胀上行的压力仍然存在，非食品指数环比仍在高位徘徊。这一方面有国际大宗商品价格上涨的原因，另一方面也有国内总需求偏强的原因。如果紧缩政策能够延续，通胀环比上行的压力将会持续减弱。而从同比增长率上看，CPI 同比将呈现前高后低的态势，上半年同比都将在 5% 附近运行，到 6 月份后才会有比较明显的下行。

具体来看，利率产品方面，2011 年上半年由于短端利率已充分反映未来加息及货币紧缩预期，因此收益率上升空间有限；但长端利率则由于持续面临通胀压力，仍然面临较大的上升压力，上半年收益率曲线整体将呈现陡峭上升的压力，但下半年随着通胀下行，长端利率将随之下行，因此收益率曲线将呈现平坦下行的态势。

信用产品方面，在经历了 2010 年第四季度各种负面冲击之后，未来信用债收益率继续上升的动力不足，面临一定的支撑。其一，信用风险仍然不构成影响；其二，供求形势相对有利，可能仍然呈现供小于求的态势；其三，绝对力量处于历史高位，信用利差也处于较高水平。就整体市场环境而言，由于仍然面临政策紧缩及升息的影响，且 2011 年第一季度受流动性收紧和供给冲击影响，收益率仍将承受一定压力，投资者可待第二季度初流动性和供给冲击相对缓解后，逐渐进行配置。但是总体来看，信用债利率即使下降，空间可能也比较有限，而配置意义更为明显，投资者可根据自身需求择机配置。

B.7
我国外贸顺差与外部不平衡关系分析

裴长洪　杨志远 *

摘　要：本文叙述了我国贸易顺差发展的趋势，以及进出口商品结构、贸易方式、外商直接投资对贸易顺差的影响。分析了我国贸易顺差被高估、被炒作的各项因素，指出了我国经常项目顺差受到国际资本流入影响的事实，认为在国际资本加速流入中国以及中国贸易顺差被高估的情况下，所谓"外部不平衡性"指标是不合理的。

关键词：贸易顺差　外部不平衡性

一　问题的提出

贸易顺差作为国际收支问题的重要组成部分，是国际贸易理论研究的重要方面。同时，伴随由金融危机引起的全球经济失衡加剧，贸易顺差也成为世界经济恢复中研究的前沿热点。传统的动态 Mundell-Fleming 模型指出，只有在浮动汇率制下，

---

* 裴长洪，中国社会科学院经济研究所；杨志远，中国社会科学院研究生院。

扩张性财政政策导致汇率升值、贸易余额恶化，而扩张性货币政策使得汇率贬值、贸易余额改善。该模型的缺陷在于固定汇率制下的研究属于静态范畴，没有体现变量波动对均衡状态的影响，不适合中国贸易顺差的研究。从 20 世纪 80 年代开始，跨期优化方法的引入使贸易余额分析发生了历史性的变化，在一段时期内出现贸易逆差，在另一段时期内出现贸易顺差可能是一国进行最优资源配置的表现（Jeffrevy Sachs，1982）。一个国家可能在一段时期出现贸易顺差，而在另一个时期出现贸易逆差，甚至长期出现贸易逆差或顺差（Obstfeld and Rogoff，1995）。但是，无论是传统的国际收支平衡理论还是跨期优化理论，都不能为中国全球金融危机前持续的贸易顺差状况提供一个满意的解释，也不能解释中国贸易顺差的中虚高的部分。黄志刚（2009）、卢万青（2010）等针对中国贸易顺差特点所建立的开放经济模型都是将传统宏观经济理论与中国经济实际相结合的有益尝试，但这些模型都没有全面涉及中国贸易顺差变化的原因，也不具有评判贸易顺差多少的参考作用，研究范围具有一定的局限性。

改革开放以来，我国的经济已经实现了 30 多年的高速增长，依靠劳动密集型产品的大量出口，对外贸易对我国的经济增长起到了巨大的推动作用。20 世纪 90 年代以来，中国对外贸易顺差进入持续增长时期，新世纪以来到全球金融危机前的 2008 年，贸易顺差年均增长率达到 45%。2008 年，中国实现商品贸易顺差 2981.3 亿美元，达到历史最高点，位居世界第一。2008 年国际金融危机爆发以来，以主要发达国家经济增长结束进入衰退期为标志，世界经济进入后危机时代。持续的贸易顺差引发了愈演愈烈的贸易摩擦和高额的外汇储备，中国与其他国家一样正在遭受输入型通货膨胀的威胁以及国际资本无序流入而导致流动性泛滥的宏观经济调控压力。西方主要发达国家以此为着眼点，攻击我国的人民币汇率政策是造成巨额贸易顺差，进而促使世界经济失衡的主要原因。在 2010 年 G20 峰会上，美国更是提出对各国经常项目顺差要进行数量限制的意见，即所谓的"外部不平衡性参考指南"，企图打压中国的外贸出口。因此，认真分析中国贸易顺差形成的原因以及不同统计方法产生的误差，分析造成中国贸易顺差被高估的影响因素，对于全面、深入认识我国贸易顺差，从而制定更好的贸易政策，实现贸易增长方式的转变具有重要的现实意义。

二　文献综述

中国的对外贸易自改革开放以来经历了 20 世纪 80 年代的以逆差为主、顺差逆差交替出现，到 90 年代的顺差为主波幅平稳，再到 90 年代末开始的顺差逐年扩大并快速上升这三个主要阶段。2008 年国际金融危机爆发以来，中国的贸易顺差被诟病为世界经济失衡的重要组成部分，再次引发学术界讨论的热潮。目前，关于中国贸易顺差的研究主要集中于顺差形成的原因，通过对各影响因素的深入发掘提出缩小贸易顺差的政策建议。对贸易顺差形成原因的研究主要包括如下几种观点。

第一，汇率原因说。继 Robinson（1936）提出汇率变动对贸易余额的影响取决于 Marshall – Lerner 条件中的进出口商品供求弹性之后，Alexander（1959）引入弹性分析法研究国际收支平衡与汇率变化之间的关系，并指出汇率变化除去对贸易余额的直接影响外，还会通过乘数效应对居民收入产生影响，进而影响贸易余额。然而这种简单的叠加并不能充分反映其中的弹性关系，也不能反映价格变化与国民收入变化之间的关系。Mundell（1960）和 Fleming（1962）进而构建了开放经济条件下 IS – LM 模型，系统分析各种汇率制度安排下财政与货币政策对贸易余额的影响，但是该模型没有将汇率对贸易收支的影响进一步延伸至国内外货币供求的层面，也没有分析汇率影响贸易余额的长期机制，因此仍然属于静态局部均衡分析。随着动态一般均衡分析的兴起，跨期预算约束被引入开放经济的研究。Obstfeld（1982），Dornbusch（1983），Greenwood（1988）等人就实际汇率变化与否，分别论述了贸易余额、非贸易品和汇率之间的联系。Obstfeld 和 Rogoff（1995）进而建立 Redux 模型，提出汇率是影响贸易收支的重要因素。涉及中国的贸易顺差，一方面，以 Makin（2007）为代表的西方经济学家支持人民币汇率低估是造成巨额中美贸易顺差的根本原因。巴曙松、吴博、朱元倩（2007），古宇、高铁梅（2007）等学者通过实证分析也发现人民币汇率的变化与中国贸易顺差的增减之间存在相关关系。另一方面，沈国兵（2004）、贺力平（2008）等通过实证分析发现人民币汇率变化对中国贸易顺差没有显著影响。

第二，FDI 原因说。Mundell（1957）首次提出"投资替代贸易关系论"，在一定假设条件下证明两者之间的替代关系。Dunning（1980）等学者从跨国公司的角度分析了 FDI 与贸易余额之间的替代关系，但上述模型都忽略了 FDI 对贸易顺差的正面影响。Vernon（1966）提出在产品生命周期的不同阶段，FDI 与不同国家净贸易余额之间的关系可能不同。上述传统理论的最大缺陷都是局部均衡分析，强调市场完全的假设。在新贸易理论的框架下，Helpman（1984），Ethier（1986），Horstmann and Markusen（1987），Brainard and Cutler（1993）等学者将不同动因的 FDI 与产业间和产业内贸易联系起来，并认为 FDI 能够促进贸易。但他们都没有涉及净贸易余额方面的研究。对于中国的贸易顺差，Rima（2004）提出中国自改革开放以来的 FDI 是造成贸易顺差不断攀升的根本原因。王允贵（2003），高铁梅、康书隆（2006）等也通过实证研究证明 FDI 是中国形成巨额贸易顺差的重要原因。

第三，全球产业转移及中国外向型产业发展政策原因说。Athukorala and Yamashita（2009）指出全球产业转移进程和一国的外向型产业政策共同对贸易顺差产生正向影响。Yanoa and Honryob（2010）通过建立开放经济的两国贸易动态博弈模型证明一国的产业政策对其贸易余额影响巨大。对于中国的贸易顺差，张斌、何帆（2006）通过建立两部门贸易模型证明，中国市场经济体制改革所带来的贸易品部门相对非贸易品部门更快的全要素生产率进步是造成贸易顺差的重要原因。蒲华林、张捷（2007）也根据实证分析提出造成中美贸易顺差的重要原因是美国和东亚诸国的产业升级以及对华产业转移。

第四，其他原因说。Benge and Wells（2002）在传统的 Solow 模型基础上引入满足资本完全流动假设的开放经济条件，进而证明劳动力成本与贸易余额之间存在正向关系。Kumar（2009）进一步实证分析了 1974～2004 年的数据，发现中国劳动力成本与实际出口额存在正向关系。此外，McKinnon（2007）在研究美国贸易逆差时指出，顺差国的消费率提高与逆差国的消费率下降是解决全球贸易失衡的根本方法。何帆、张明（2007）通过对储蓄率和投资率影响因素的分析，提出政府对储蓄率和投资率的调整政策在很大程度上影响了我国的贸易顺差。而在消费观方面，张岭松（2008）在一个跨期消费最优化的微观模型中提出现期消费上的比较优势和未来消费上的比较劣势是我国贸易顺差形成的主要原因。

三　我国贸易顺差趋势概述

在我国改革开放的历史上，1994 年是一个重要的里程碑，外贸体制改革和人民币汇率制度并轨等一系列外汇、外贸制度改革取得了巨大的成效，全国经济出现一系列新特征，贸易余额也随之出现重要的变化。如图 1 所示，我国 1995 年开始进入外贸顺差期，2000～2003 年外贸进出口规模连续 3 年以千亿美元为台阶向上攀升；2004～2009 年连续超过万亿美元大关，稳居世界第二大贸易国地位。与此相对应，外贸顺差自 2004 年进入持续扩大阶段，到 2007 年，我国贸易顺差累计 26434 亿美元，同比增长率达到 47.5%，创下历史新高。2008

年受国际金融危机影响，贸易顺差增长速度下降，顺差累计额为 29813 亿美元，增长率大幅下降，但贸易顺差绝对额仍在加大。2009 年，受人民币升值、国际市场需求不足的因素影响，贸易顺差额下降至 1957 亿美元，进出口双双下挫，其中，出口额下降幅度超过进口额五个百分点，到达 −16%。2010 年，贸易顺差额继续下降至 1831 亿美元，但降幅减小为 6.4%，其中，出口额上升到 15779 亿美元，达到历史最高水平，说明 2010 年我国出口贸易增长的外部需求环境有较明显地回升；进口额也达到 13948 亿美元，同样为历史最高，反映出 2010 年我国国内需求快速上升以及资源品和原材料价格持续上涨。

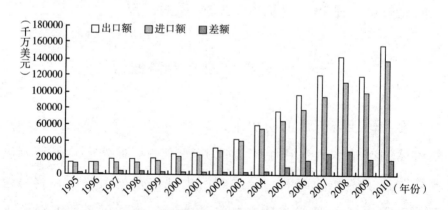

图 1　我国贸易进出口额及差额

资料来源：《海关统计》（2010）。

（一）我国外贸顺差商品结构分析

从贸易顺差的商品结构角度分析（如表 1 所示），造成我国贸易顺差的主要原因是工业制成品贸易。2004 年，其顺差额首次迈上千亿美元大关，之后进入持续扩大阶段，年均增长率达到 37%。2008 年，工业制成品贸易顺差累计 5826亿美元，是贸易顺差总额的近两倍，创下历史新高。2009 年受金融危机影响，工业制成品贸易顺差出现十年来首次下降，但仍然高达 4224 亿美元。2010 年，受外部市场需求回暖的影响，工业制成品贸易顺差止跌回升，恢复到 5339 亿美元。

表 1　我国贸易顺差的商品结构和贸易方式结构

单位：亿美元

年　份	贸易顺差总额	工业制成品顺差	加工贸易顺差	来料加工装配贸易顺差	进料加工贸易顺差
2000	241.09	453.88	450.66	131.39	319.27
2001	225.45	419.50	535.18	133.67	401.51
2002	304.26	511.57	576.54	132.72	443.82
2003	254.68	634.20	788.36	151.01	637.35
2004	320.97	1088.15	1064.53	148.31	916.23
2005	1020.01	2006.80	1425.54	169.07	1256.46
2006	1775.08	3116.90	1889.66	206.54	1683.12
2007	2643.40	4434.02	2485.91	268.72	2217.19
2008	2981.26	5825.69	2969.56	203.59	2766.06
2009	1956.89	4223.64	2646.63	174.31	2472.32
2010	1831.04	5339.43	3228.84	130.02	3098.82

资料来源：根据《中国统计年鉴 2010》及《海关统计》（2010）整理。

从进出口商品结构来看，由于我国工业化的进展，制造业部门的门类齐全，已经获得劳动密集型比较优势，同时兼具劳动密集型比较优势和资本、技术密集型比较优势的产品行业比较多。相比之下，进口商品主要集中在资源和原材料行业以及中间品行业，由于国内经济景气需求带动的产品进口行业相对集中，如果没有价格上涨因素，进口增长的实际需求低于出口增长的实际需求。2010 年的大宗进出口商品结构（见表 2）可以说明这一点。

表 2 2010 年大宗出口商品量价增长情况

商 品	出口金额（亿美元）	数量增长（%）	金额增长（%）
成品油	170.4	7.5	35.9
医药品	107		24.0
新橡胶轮胎	103.9	22.3	35.2
纺织纱线\制品	770.5		28.4
钢材	368.2	73.0	65.3
自动数据处理设备部件	1639.5	27.4	34.0
自动数据处理设备零件	306.9	2.5	19.2
打印机	151.4	40.8	45.0
液晶显示板	264.6	16.9	37.7
静止变流器	128.9	21.3	39.9
电话机	489.3	26.9	18.3
电视机	148.5	20.8	38.0
电子零件	124.3	18.2	29.9
印刷电路	112.1	34.3	30.2
半导体管器件	302.5	27.5	111.2
集成电路	292.5	46.9	25.5
电线和电缆	128.9	21.7	39.2
汽车零件	186.5		44.1
船舶	392	15.8	44.5

续表 2

商　品	出口金额（亿美元）	数量增长（%）	金额增长（%）
家具及零件	329.9		30.3
照明装置	101.1		33.7
箱包	180.1		40.8
服装衣着	1294.8		20.9
鞋	336.6	21.5	26.6
塑料制品	186.6	13.2	29.5
玩具	100.8		29.4

资料来源：《海关统计》2010 年 12 月。

2010 年我国出口贸易商品在百亿美元以上的品种多达 26 种，300 亿美元以上的品种达到 10 种，而且市场需求较大。对 2010 年百亿美元以上的大宗出口商品的分析表明：只有钢材、电话机、印刷电路、集成电路的出口金额增长略小于出口数量增长，说明这四种商品的景气状态略低，出口带有保证市场份额的目的；其他大多数出口商品的金额增长都不同程度大于数量增长，说明市场景气状态较好，同时也说明我国出口商品的竞争力较强。

如表 3 所示，2010 年我国百亿美元以上的进口商品品种只有 19 种，300 亿美元以上的进口商品品种只有 7 种，这说明我国大宗进口品集中度高于出口品；同时，市场需求集中度也比较高，增长潜力不如出口品。此外，进口增长相当程度上依靠价格因素，2010 年资源品和原材料价格上涨大大高于数量增长，说明国内需求上升；中间品和最终消费品的进口价格增长与数量增长的差距不太明显。综上所述，2010 年我国进口增长的原因除了国内需求有所上升外，资源品和原材料价格上涨是一个重要原因。

表3　2010年大宗进口商品量价增长情况

商　品	进口金额（亿美元）	数量增长（％）	金额增长（％）
粮食	280.9	28.2	35.6
铁矿砂	794.3	−1.4	58.4
煤炭	169.3	30.9	60.1
原油	1351.5	17.5	51.4
成品油	223.4	−0.1	31.3
初级塑料	435.6	0.4	25.2
纺织品	177.2		18.4
废金属	196.1	−35.6	40.2
钢材	201.1	−6.8	3.3
铜与铜材	327.4	0.0	44.4
自动数据处理设备部件	292.8	23.3	23.2
自动数据处理设备零件	186.6	7.1	42.2
印刷电路	120.8	20.6	27.7
电路装置与零件	205		29.7
集成电路	1569.9	37.4	30.9
汽车	305.8	93.4	99.1
汽车零件	186.4		45.3
医疗器械	467.8	35.9	33.7
计量与自控器具	213.7		41.0

资料来源：《海关统计》2010年12月。

（二）我国外贸顺差贸易方式分析

从顺差的贸易方式角度分析（如表1所示），造成我国贸易顺差的主要原因是加工贸易。从1995年开始加工贸易的发展规模超过一般贸易，1997年正式取代一般贸易成为第一大贸易方式，成为中国贸易顺差的重要来源。进入新世纪以来，其顺差额连年增长，年均增长率达到23%。2008年，加工贸易顺差累计2968亿美元，超过贸易顺差总额，创下历史新高。2009年受国际金融危机影响，加工贸易顺差出现十年来首次下降，但仍然达到2647亿美元。2010年，受各种利好因素的影响，加工贸易顺差再次成为我国贸易顺差的主力军，累计3229亿美元，超过危机前的最高水平。进一步细分，进料加工贸易占据加工贸易顺差的主要部分，特别是2008年以来，进料加工贸易顺差占到加工贸易顺差的90%以上，成为加工贸易顺差的主要来源。

通过上述分析不难发现，贸易顺差总额与工业制成品顺差、加工贸易顺差之间存在明显的协同性。从图2三者的走势可以看出，三者于1995年同时进入顺差期，自2004年开始进入持续、快速扩大阶段，又同时在2008年前后达到历史最高位。此后由于国际金融危机影响，三者都呈现下降趋势。而2010年，三者又同时出现止跌回稳的迹象。因此，工业制成品顺差和加工贸易顺差对我国贸易顺差的推动作用十分显著。

（三）我国贸易顺差的国别分析

截至2010年底，世界上共有超过230个国家和地区与我国内地发生贸易关系，欧盟、美国、日本、中国香港和中国台湾是对我国内地贸易收支影响较大的主要贸易伙伴。我国内地与这五个主要贸易伙伴的贸易额占对外贸易总额的比重绝大多数年份保持在80%左右，与这些国家或地区贸易顺差的变动

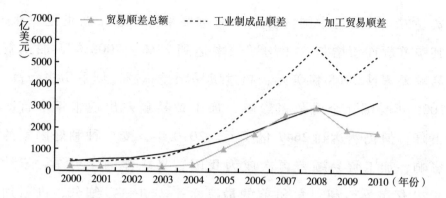

图 2 贸易顺差总额、工业制成品顺差、加工贸易顺差趋势

资料来源：根据《中国统计年鉴2010》及《海关统计》（2010）整理。

情况基本反映了中国内地整体贸易顺差国（地区）别结构的变动趋势。

表 4 我国贸易顺差的国别和地区构成

单位：亿美元

年份	中国香港			欧盟			美国		
	出口	进口	顺差	出口	进口	顺差	出口	进口	顺差
2000	445.2	94.3	350.9	454.8	407.8	47.0	521.0	223.6	297.4
2001	465.5	94.2	371.2	492.4	484.0	8.4	542.8	262.0	280.8
2002	584.6	107.3	477.3	582.8	519.7	63.1	699.5	272.4	427.1
2003	762.7	111.2	651.5	881.7	697.0	184.7	924.7	338.7	586.0
2004	1008.7	118.0	890.7	1223.9	890.0	333.9	1249.4	446.6	802.8
2005	1244.7	122.2	1122.5	1656.3	964.3	692.0	1628.9	486.2	1142.7
2006	1553.1	107.8	1445.3	2153.7	1148.6	1005.1	2034.5	592.1	1442.4
2007	1844.4	128.0	1716.4	2878.5	1396.7	1481.8	2326.8	693.9	1632.9
2008	1907.3	129.2	1778.1	3434.2	1680.6	1753.6	2523.8	813.6	1710.2
2009	1662.3	87.0	1575.3	2646.5	1620.4	1026.1	2208.0	774.6	1433.4
2010	2183.2	122.6	2060.6	3552.0	2178.9	1373.1	2833.0	1020.3	1812.7

资料来源：根据《中国统计年鉴》（2001～2010）及《海关统计》（2010）整理。

2000 年以来，中国与日本和中国台湾长期保持贸易逆差。2010 年，中日贸易逆差达到 557 亿美元，而大陆与台湾的贸易逆差更是超过 860 亿美元。这样的逆差规模反映了中国承接这两个经济体制造业转移的事实。如表 4 所示，中国香港 2005 年前持续保持中国内地最大顺差来源地的地位。2005 年，美国首次超过中国香港成为中国内地第一大顺差来源地，自中国进口 1628.9 亿美元。中国在美国总进口中的份额已经达到 14.6%，其贸易顺差超过 1142 亿美元。高额的贸易顺差引发了两国的争议，并引发人民币汇率升值的压力等多种问题，这使得中美贸易不平衡成为中国对外贸易中的焦点问题。中国对美国贸易顺差在 2010 年达到历史最高位，达到 1812.7 亿美元。与此同时，中国与欧盟持续保持贸易顺差，从 2000 年的不足 100 亿美元攀升到 2010 年的 1373.1 亿美元。

四 我国贸易顺差被炒作、被高估的分析

（一）贸易顺差不等于经常项目顺差

在 2010 年 G20 峰会上，美国首次提出对各国经常项目顺差要进行数量限制的意见，即所谓的"外部不平衡性参考指南"。该提议的核心内容是各国经常项目差额不超过本国 GDP 的 4%，其目的主要是打压中国的外贸出口。按照该要求，目前世界各主要贸易国中只有德国、沙特、中国超过 4% 的上限。但美方以德国的贸易顺差主要来自欧盟区内贸易和沙特的贸易顺差主要

来自资源品出口为由排除了这两国,将矛头主要对准中国。根据 2010 年中国国际收支表初步计算,经常项目顺差为 3062 亿美元,即使按 1 美元兑换 6.5 元人民币的汇率比例计算,顺差仍占全年 GDP 的 5%,超过美国所谓"不平衡性参考指南"的要求。美国将根据这个指标,要求中国减少出口,降低贸易顺差。这种要求混淆了贸易顺差和经常项目顺差的概念,夸大了贸易顺差在造成"外部不平衡"中的作用。

首先,贸易顺差仅仅是经常项目顺差的一部分。如表 5 所示,自 2005 年以来,海关统计的贸易顺差额都只是国际收支平衡表中显示的经常项目顺差额的一部分,所占比例基本保持在 60% ~ 70%。例如,按照中国海关统计,2010 年中国商品贸易顺差为 1831 亿美元,只占经常项目顺差 3062 亿美元的59.8%。因此,美国以经常项目顺差额过大批评中国外贸顺差过大,造成"外部不平衡",显然张冠李戴,是不合理的。

表 5   海关统计与国际收支平衡表中的贸易顺差

年份	海关统计的贸易顺差(亿美元)	经常项目顺差(亿美元)	贸易顺差占经常项目顺差比例(%)	国际收支平衡表结构(亿美元)			
				货物	服务	收益	经常转移
2005	1020	1608	63.4	1342	− 94	106	254
2006	1775	2533	70.1	2177	− 88	152	292
2007	2643	3719	71.1	3154	− 79	257	387
2008	2981	4261	70.0	3607	− 118	314	458
2009	1957	2971	65.9	2495	− 294	433	337
2010	1831	3062	59.8	2540	− 180	277	425

资料来源:根据《中国国际收支平衡表》(2005 ~ 2010)及《海关统计》(2010)整理。

其次，海关统计的货物贸易顺差与中央银行的统计差额巨大。如表5所示，在由中央银行编制的国际收支平衡表中，贸易顺差由货物一项表示，而通过比较即可发现中央银行统计的贸易顺差要明显高于海关统计的贸易顺差。2005年，国际收支平衡表中货物贸易顺差为1342亿美元，超过海关统计的货物贸易顺差（1020亿美元）322亿美元。这一差额自2005年不断扩大，到2010年达到709亿美元。央行与海关统计的差额反映了我国对外贸易中结汇金额大于贸易金额的现象。企业每一笔出口在离开关境时，其金额都会被计入海关统计；而企业在收到外汇后，去外汇指定银行结汇时，其金额会被计入国际收支平衡表的货物贸易项下。按照正常的国际贸易交易惯例，企业出口与结汇应该出现一定的时滞。也就是说，企业完成出口贸易后，需要经过一段时间才会收到外方的付款。据此，中央银行编制的国际收支平衡表中的货物贸易顺差应该小于海关统计的贸易顺差。而我国贸易顺差在两类统计中的情况正好相反，反映出有其他资本伴随货物贸易流入，也就是所谓的"热钱流入"。境外热钱流入的主要渠道有：虚报进出口商品价格、外商投资企业虚假出资、外商投资企业虚报盈利状况、境外投资企业虚报盈利状况、通过外资金融机构的业务转移资金、出入境双牌车私带现金，等等。此外，这些对宏观政策管理形成挑战的国际资本也会通过各种合法渠道流入，被计入我国国际收支平衡表中的各个科目，特别是经常项目，造成我国贸易顺差被严重高估。

再次，除了通过货物贸易项目，国际游动资本还可以通过经常项目下的其他渠道流入我国。经常项目下除去货物和服务还有两个科目：收益与经常转移。其中，收益通常由境内对外投资企业利润汇回构成。如表5所示，自2005年开始，收益项下顺差跨入百亿美元大关，并呈现连年上升的趋势，于2009年达到433亿美元的最高额，2010年回降到277亿美元。然而，我国企业境外投资的利润水平不可能支持这个规模的资金汇入，其中不排除热钱通过这个渠道流入的成分。由此，我国经常项目的顺差再次被夸大。另一项是经常转移，其科目较多，但主要是外资企业利润汇出。正常情况下，跨国公司每年提取利润中的一部分汇回母国，该项目应该为负。但如表5所示，2005~2010年的经常转移项下始终为正，而且也呈现连年上升的趋势。其中，2010年经常转移项下流入425亿美元，国际资本可能也在利用这个渠道流入我国。这样，我国经常项目顺差再一次被高估了。如果不进行具体分析，这些都可能造成中国货物贸易顺差过大的印象。因此，实际上，由于存在国际资本流入的利益驱动，中国的货物贸易顺差已经被高估，加上经常项目顺差也被扭曲，笼统把这种顺差规模都说成是货物贸易顺差造成的，显然是一桩大冤案。

因此，国际游资在人民币汇率预期升值的背景下，通过国际收支平衡表的各个项目流入我国，产生高于实际贸易顺差的虚高部分。美方据此要求我国减少外贸出口，降低贸易顺差是不合理的。姑且不去研究"外部不平衡性参考指南"的合理性，即使要协商订立国际收支差额的不平衡标准，也必须建立在准确的统计和合理的变量分析基础上。只有这样才会有利于检查和监督外部不平衡因素，才有利于逐渐缩小全球经济失衡的现象。笼统地把现在国际收支中经常项目顺差额作为中国货物贸易顺差过大的依据，是难以服人的，也是不利于中国对外贸易的发展，从而不利于中国经济的健康持续发展的。

（二）通过 FDI 承接全球产业转移

从贸易方式角度来看，加工贸易顺差构成了中国贸易顺差的主要来源。而在中国加工贸易发展过程中，一个突出的特点便是外商直接投资企业成为加工贸易的主力，外资对加工贸易的贡献是中国加工贸易迅速崛起的主要因素。由表 6 可以看出，随着国际直接投资在华的增长，外商投资企业在中国对外

表 6　外商投资企业出口情况

单位：亿美元，%

年　份	出口总额	外商投资企业出口额	比　重
2000	2492.0	1194.4	47.93
2001	2661.0	1332.4	50.07
2002	3256.0	1699.9	52.21
2003	4382.3	2403.1	54.84
2004	5933.2	3385.9	57.07
2005	7619.5	4441.8	58.30
2006	9689.4	5637.8	58.19
2007	12177.8	6953.7	57.10
2008	14306.9	7904.9	55.25
2009	12016.1	6720.7	55.93
2010	15779.3	8623.1	54.65

资料来源：根据《中国国际收支平衡表》（2005～2010）及《海关统计》（2010）整理。

贸易中所占的份额越来越大。2010 年，外商直接投资企业的出口额达到8623.1 亿美元，为历史最高额，占当年出口总额的 54.65%。由此可见，外商直接投资流入在中国贸易顺差形成过程中起到了至关重要的作用。

国际直接投资是国际产业转移的重要表现，在经济全球化深入发展的今天，国际直接投资与国际贸易的关联更趋紧密。国际产业转移加快，带动对我国投资激增。这种投资的增加对我国外贸顺差会带来两类效应：第一类是贸易转移效应，Fung and Lau（2003）指出，一方面，中国内地、中国香港和中国台湾之间发生贸易逆差转移；另一方面，中国台湾和中国香港在中国内地直接投资部分地对中美双边贸易逆差增长产生影响；第二类是贸易替代效应，Burke（2000）认为美国在华直接投资通过生产技术知识溢出，金融和营销基础设施的构建等方式，直接促进了中国出口部门竞争力的增长。因此，跨国公司海外销售和向母公司返销大量增加，主要的对外投资大国在获得投资利益的同时也出现了高额逆差。

中国以廉价劳动力为代表的低成本要素，使得全世界的制造生产线逐步向中国迁移，尤其是亚洲的国家和地区。如表 7 所示，我国外商直接投资的东道国主要是欧盟、美国、日本以及以韩国为代表的亚洲新兴经济体。这些投资国起初是将纺织品等劳动密集型生产设备转移到中国内地，通过中国加工，再对欧洲和美国出口。这种产业转移进而发展到电子信息技术产业，而随着产业转移中产业系列的不断扩展，这些产品占我国对欧美出口的份额不断提高。因此，中欧和中美贸易顺差的增

表7　我国外商直接投资主要国（地区）别构成

单位：亿美元

年份	外商直接投资总额	香港	台湾	新加坡	韩国	欧盟	美国	日本
2000	407.15	163.63	22.97	26.42	12.75	47.97	42.16	29.73
2001	468.78	167.17	29.80	21.44	21.52	44.84	44.33	43.48
2002	527.43	178.61	39.71	23.37	27.21	40.49	54.24	41.90
2003	535.05	177.00	33.77	20.58	44.89	42.72	41.99	50.54
2004	606.30	189.98	31.17	20.08	62.48	47.98	39.41	54.52
2005	603.25	179.00	21.52	22.00	52.00	56.43	31.00	65.00
2006	630.21	202.33	21.36	22.60	38.95	57.12	28.65	45.98
2007	747.68	277.03	17.74	31.85	36.78	43.65	26.16	35.89
2008	923.95	410.36	18.99	44.35	31.35	54.59	29.29	36.52
2009	900.33	460.75	18.81	36.05	27.00	55.18	25.55	41.05

资料来源：根据《中国统计年鉴》（2000～2010）整理；该统计数据不包含金融外资。

加，部分是新兴经济体对欧美贸易顺差转移的结果，部分是欧美发达经济体本身产业升级的结果。以韩国为例，从2000年到2009年，韩国对美国的贸易顺差占其对美贸易总额的比重从近20%减少至12.9%，而对欧盟的贸易顺差占其对欧盟贸易总额的比重更是从30%减少至14.9%。与此同时，我国对欧美市场贸易顺差逐步扩大，而对周边国家和地区则保有大量贸易逆差。2009年，我国对美国和欧盟贸易顺差分别为1443.6亿美元和1084.6亿美元；而同期我国对日本、韩国的贸易逆差分别为330.5和488.7亿美元。因此，可以说中国的贸易顺差实际上是整个东北亚地区对欧美的顺差。正是由于日、韩、中国台湾等国家和地区的企业将下游劳动密集环节的生产，通过 FDI 方式转移到中国大陆，进而引起贸易转移效应并改变了世界贸易格局，原来这些经济体直接对美国出口形成的对美贸易顺差，转换成了这些经济体对中国的顺差，而中国大陆再对美国形成了由几个经济体原来的顺差叠加起来的贸易顺差。

（三）通过加工贸易方式参与全球产业分工

从本质上讲，加工贸易是指一国进口料件，加工组装后再出口的生产与贸易活动（隆国强，2006）。改革开放以来我国积极实施进口替代与出口导向相结合的经济发展战略，与此对应，政府一方面吸收出口导向型的外商直接投资；另一方面鼓励本土企业扩大出口。与我国对外开放同时，日本和东亚新兴经济体劳动密集型产业因成本上升而对外寻求低成本生产加工基地。由此，既能保护进口替代部门，又有利于出口导向的外资项目运作的加工贸易，成为我国政府重点鼓励和引导的对象。由表 1 可以看出，进入新世纪以来，加工贸易顺差常年高于我国贸易顺差总额。到 2010 年加工贸易项下的顺差已经达到 3229 亿美元，远高于同期顺差总额，可见加工贸易对于我国对外贸易的发展具有显著作用。此外，对于制约发展中国家工业化的两大因素：资本和外汇，加工贸易既可以引进外资，又可以增强我国出口创汇能力，对当时中国经济发展起到了至关重要的作用。在我国，加工贸易包括来料加工装配和进料加工两类。来料加工装配是指加工设备、生产原料和中间品都是委托方提供的，都在境内实行海关特殊监管，即免税入境使用，被委托方既不需要支付设备购买费用，也不需要支付入境的原料、中间品的货款，同时国内也无需生产配套条件（裴长洪，2008）。随着国内生产技术的提高和生产配套条件的改善，加工贸易逐步从来料加工单一形式演化为来料加工与进料加工两种形式。

首先，加工贸易的迅速发展，虽然造成了高额贸易顺差，但并没有使中国获得主要的贸易利润。我国制造业处于全球产业链的低端，而且产业配套能力有限，意味着中国必须大量进口中间产品以进行装配和加工。而本地生产的产品附加值很低，我国实际上只获得了很少的一部分加工费。但是当这些产品出口到美国等海外市场时，统计上是按照产品的出口值计算的。因此，作为全球生产体系中的最后组装地，中国净出口的最终产品包含了很多国家企业的产品附加值，而中国的企业附加值往往是最低的，但以最终价值计算的出口还是被计入我国的国际收支平衡表。贸易顺差虽然在中国，但主要利润却在发达国家。由于发达国家与发展中国家垂直分工的总体格局并未发生根本改变，发达国家掌握核心技术和跨国营销、融资资源，不仅主导国际贸易，而且获取绝大部分的利益。一个经典的例子是芭比娃娃玩具，在美国的零售价为 9.99 美元，而从中国的进口价为 2 美元。在这 2 美元中，中国只获得 35 美分的劳务费，其余用于进口原材料、运输和管理费用。按原产地统计，将这 2 美元全部计为中国对美国的出口，但中国劳动者实际只得到 35 美分。

其次，由于结汇收入与海关统计的差别，来料加工装配贸易方式高估了贸易顺差。作为我国加工贸易最早的发展形式，来料加工装配在改革开放初期极大地促进了我国对外贸易和经济的发展。相应的，来料加工装配贸易的顺差额在我国贸易顺差总额中所占的比重也比较高，如表 8 所示，这一比例在 2004 年曾达到 22.2%。此后不断下降，2008 年以后，已经降到 20% 以下。随着我国加工贸易的转型升级，来料加工贸易在加工贸易中的比重继续逐步下降，2010 年降到 18.3%。

表 8 2003～2010 年间加工贸易内部结构的变化

单位：亿美元，%

年份	进料加工贸易进出口	来料加工进出口	加工贸易总额	来料加工比重
2003	3113.3	934.6	4047.9	23.1
2004	4274.4	1222.9	5497.3	22.2
2005	5395.1	1510	6905.1	21.9
2006	6635.5	1683.2	8318.7	20.2
2007	7808.4	2052.1	9860.5	20.8
2008	8529.1	2006.8	10535.9	19.0
2009	7399	1694.2	9093.2	18.6
2010	9461.5	2116.1	11577.6	18.3

资料来源：《海关统计》各年 12 月。

尽管来料加工装配贸易的比重已经不高，但其统计方法高估我国贸易顺差的问题仍然是需要讨论和重视的。来料加工装配不仅是一种海关特殊监管的贸易方式，而且是一种企业内部特殊的贸易方式。其生产设备和进口料件不仅采取海关保税措施，而且进口企业无需向进口方支付货款，加工后的出口商品也不收取出口商品货款，加工企业只收取"工缴费"。在银行结汇的也只是"工缴费"，而不是在海关登记的出口商品价值，也无需按照进出口的两个价值金额进行结售汇。因此，海关统计的来料加工装配贸易顺差的一部分并未成为真实的外汇流入，不能被计入我国的贸易顺差。一般来讲，"工缴费"主要是由工资和其他非物料成本组成，利润则主要被转移到境外，因此"工缴费"小于贸易顺差。根据案例调查，"工缴费"大体只占来料加工装配出口价值金额的 2% ~ 3% ；虽然个别产品的"工缴费"略高，但普遍不超过 5% 。如果以 5% 来计算，2010 年海关统计的 130 亿美元来料加工装配贸易顺差实际只在银行结汇 56. 2 亿美元，另外 73. 8 亿美元只是统计数字，并未成为真实的外汇流入，也未形成实际贸易顺差。照此计算，2005 ~ 2010 年间每年高估都超过百亿美元，2007 年甚至超过 200 亿美元（见表 9）。

表 9　来料加工装配贸易顺差被高估的估计值

单位：亿美元

年份	贸易顺差总额	来料加工装配贸易顺差	被高估部分
2005	1020. 0	169. 1	127. 1
2006	1775. 1	206. 5	159. 3
2007	2643. 4	268. 7	210. 7
2008	2981. 3	203. 6	148. 3
2009	1956. 9	174. 3	127. 6
2010	1831. 0	130. 0	73. 8

资料来源：根据《中国国际收支平衡表》（2005 ~ 2010）及《海关统计》（各年）整理。

作为我国参与国际经济合作的主要贸易方式，加工贸易具有其自身的特点和优势。而由于来料加工装配的特殊经营方式，海关的贸易顺差大于银行结汇的贸易顺差，由此造成中国的加工贸易顺差被夸大。

（四）巨大的统计误差

统计方法的差异会导致统计结果差别很大，这是中国贸易顺差被高估的另一个重要原因，本文以中美贸易统计为例说明这一问题。中美双方在贸易统计数据上的差异，突出表现为美国统计的来自中国的贸易逆差要远远大于中国统计的对美国的贸易顺差。这一差额不仅由来已久，而且呈现不断扩大的态势。

如表 10 所示，2004～2010 年，中美两国贸易余额数据的统计出入都在 800 亿美元以上。按美方统计，2010 年其对华贸

表 10　中美贸易余额统计差额

单位：亿美元

年份	中方统计			美方统计			贸易余额误差
	出口	进口	顺差	出口	进口	顺差	
2004	1249	447	803	347	1967	−1620	817
2005	1629	486	1143	418	2435	−2017	874
2006	2034	592	1442	552	2878	−2326	884
2007	2327	694	1633	652	3215	−2563	930
2008	2524	814	1710	715	3378	−2663	953
2009	2208	775	1433	696	2964	−2268	835
2010	2833	1020	1813	919	3649	−2730	917

资料来源：中方数据根据《中国统计年鉴》（2005～2010）整理，美方数据来自美国统计局。

易出口为 919 亿美元，进口为 3649 美元；而中方统计的进口却为 1020 亿美元，出口为 2833 亿美元，双方统计差额达到917 亿美元。这一误差数字在 2008 年接近 1000 亿美元，达到历史最高额。造成巨额统计误差的原因包括几点。

首先，香港转口贸易是中外统计的主要分歧点。自改革开放以来，中国内地利用香港的自由港地位和它的海外营销渠道，发展对外转口贸易。于是，香港成为内地对外贸易的转口基地，在内地逐步融入世界经济的进程中扮演了重要枢纽的角色。

当前许多国家以原产国为进口贸易伙伴国的做法，在转口贸易的前提下，造成双边统计数字的差异。仍以中美贸易为例，中国内地与美国的部分货物要经香港转口，由于中美双方均采用产销国统计标准，使得内地经香港转口的货物在美方的国际收支平衡表被计入美中贸易逆差，而美国经香港向中国内地的出口却没有被计入美中贸易顺差。这样一进一出，中美贸易顺差在美国的国际收支平衡表上被严重夸大了。如表 11 所示，内地经香港转口贸易额自 2000 年以来呈现逐年上升趋势，2004 年内地经香港转口的出口额迈上万亿港元台阶；而进口也在 2006 年达到 11159 亿港元。2009 年，内地经香港转口贸易进口额为 12366 港元，出口额为 15033 亿港元，但这些数字并没有反映在欧美国家的国际收支平衡表上。此外，美国等采用原产地标准将香港中间商转口过程中的加价也记入从中国的进口，即将香港中间商的贸易利益也记成了中国内地的贸易利益，进一步夸大了中国的贸易顺差。

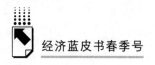

表 11　中国内地经香港转口贸易统计

单位：亿港元

年份	经香港转口贸易		经香港转口加工贸易	
	内地进口额	内地出口额	内地进口额	内地出口额
2000	4888	8495	2429	6473
2001	4966	8084	2244	5783
2002	5719	8640	2488	5947
2003	7058	9671	3012	6036
2004	8506	11355	3616	6851
2005	9679	13132	3634	7566
2006	11159	14613	3892	8148
2007	12677	15978	4324	8410
2008	13357	17077	4577	7922
2009	12366	15033	4179	6418

资料来源：香港特别行政区政府统计处。

　　其次，我国服务贸易逆差也未被其他国家重视。中国加入WTO后，服务贸易领域的改革幅度是最大的。从中国经济的实际发展需要来看，扩大服务贸易的准入范围，放宽准入限制，特别是银行业、保险业、证券业、电信业、物流业等，将成为外资流入的重要部门。上述行业属于技术密集和知识密集型的高附加值服务行业，是国际服务贸易中发展较快和较集中的行业。中国在这些领域起步晚，竞争力弱，直接影响到市场份额占有情况，不仅出口总量少，而且这些现代服务业进口的绝对量和相对量都较大，这是造成服务贸易逆差的主要原因。西方发达国家在谈论中国贸易顺差时往往忽略了服务贸易，而只谴责货物贸易的巨额顺差。但事实上，如表12所示，过去

10 多年，我国服务贸易项下一直保持逆差，而且呈现逐年递增的态势。2001 年时，我国服务贸易逆差额为 59 亿美元，到 2009 年已经增加至 294 亿美元。进一步分析我国服务贸易逆差结构可以发现，逆差主要集中在运输业、保险业、金融业和专利使用等方面。这与以美国为代表的发达国家一再要求中国在金融、保险等服务行业开放市场相对应，也为拥有巨大优势的发达国家服务业提供了广阔的市场空间。而专利使用费和特许费项下的逆差则反映出我国仍然是技术稀缺国，按照比较优势理论参与国际分工，出口劳动力密集型产品并且进口技术密集型产品是符合全球范围社会福利最优化的。遗憾的是，西方国家对于我国的服务贸易逆差避而不谈，而对于货物贸易顺差却纠缠不休，这也是我国贸易顺差被炒作的重要表现。

表 12　中国服务贸易统计

单位：亿美元

年份	服务贸易逆差总额	运输业	保险业	金融业	专有使用费和特许费
2001	59	− 67	− 25	0.2	− 18
2002	68	− 79	− 30	− 0.3	− 30
2003	87	− 103	− 43	− 0.8	− 34
2004	97	− 125	− 57	− 0.4	− 43
2005	94	− 130	− 67	− 0.1	− 52
2006	88	− 134	− 83	− 7	− 62
2007	79	− 119	− 97	− 3	− 78
2008	118	− 119	− 113	− 3	− 97
2009	294	− 230	− 97	− 3	− 106

资料来源：根据中国国际收支平衡表 2001～2009 年整理。

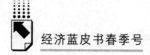
总之，我国的贸易顺差虽然是外部不平衡的影响因素，但既不是唯一因素，也不是主要因素。绝不能用高估了的贸易顺差来评判我国贸易政策，打压我国的对外贸易发展。用最短的时间、最快的速度使我国商品出口贸易在世界市场中占有20%以上的份额是我国开放型经济发展，也是我国经济建设发展的战略利益。在出口导向经济发展过程中，沿海发达地区已经形成就业对出口贸易的高度依赖，这是中国发展对外贸易、着力保持外需稳定的重要原因。"十二五"期间，不管我国进出口贸易的增长形势如何变化，但有一点可以肯定，无论世界贸易和我国贸易是增长还是下降，中国进出口贸易额在世界市场中的份额仍将提高，这是不以人的意志为转移的。如果外部不平衡性指标是建立在科学、合理的统计基础上，我国也有能力承受。即便如此，也阻止不了我国对外贸易的继续发展和世界市场份额的增加。

五　结论

美国依据所谓的"不平衡性参考指南"要求中国减少出口，降低贸易顺差。这种要求混淆了贸易顺差和经常项目顺差的概念，夸大了贸易顺差在造成"外部不平衡"中的作用。按照中国海关统计，2010年中国商品贸易顺差为1831亿美元，只占经常项目顺差3062亿美元的59.8%。因此，美国以经常项目顺差额过大批评中国外贸顺差过大，造成"外部不平衡"，显然张冠李戴，是不合理的。实际上，由于存在国际资本流入的利益驱动，中国的货物贸易顺差已经被高估，加上经常项目顺差也被扭曲，笼统地把这种顺差规模都说成是货物贸易顺差造成的，是一桩大冤案。因此，国际游资在人民币汇率预期升值的背景下，通过国际收支平衡表的各个项目流入我国，产生高于实际贸易顺差的虚高部分。美国据此要求我国减少外贸出口，降低贸易顺差是不合理的。姑且不去研究"外部不平衡性参考指南"的是否具有合理性，即使要协商订立国际收支差额的不平衡标准，也要建立在准确的统计和合理的变量分析基础上，才有利于检查和监督外部不平衡因素，才有利于逐渐缩小全球经济失衡的现象。笼统地把现在国际收支中经常项目顺差额作为中国货物贸易顺差过大的依据，是难以服人的。

作为我国参与国际经济合作的主要贸易方式，加工贸易具有其自身的特点和优势。而由于来料加工装配的特殊经营方式，海关的贸易顺差大于银行结汇的贸易顺差，由此造成中国的加工贸易顺差被夸大。

此外，美国等采用原产地标准将香港中间商转口过程中的加价也记入从中国内地的进口，即将香港中间商的贸易利益也记成中国内地的贸易利益，如此进一步夸大了中国的贸易顺差。

参考文献

巴曙松、吴博、朱元倩，2007：《汇率制度改革后人民币有效汇率测算及对国际贸易、外汇储备的影响分析》,《国际金融研究》第 4 期。

高铁梅、康书隆,2006:《外商直接投资对中国经济影响的动态分析》,《世界经济》第 4 期。

谷宇、高铁梅,2007:《人民币汇率波动性对中国进出口影响的分析》,《世界经济》第 10 期。

何帆、张明,2007:《中国国内储蓄、投资和贸易顺差的未来演进趋势》,《财贸经济》第 5 期。

贺力平,2008:《人民币汇率与近年来中国经常账户顺差》,《金融研究》第 3 期。

黄志刚,2009:《外国直接投资、贸易顺差和汇率》,《世界经济》第 4 期。

隆国强,2006:《加工贸易发展问题研究》,《国际贸易》第 9 期。

卢万青,2010:《我国外贸失衡动因与国际分工走向判别》,《改革》第 11 期。

裴长洪,2008:《正确认识我国加工贸易转型升级》,《国际贸易》第 4 期。

蒲华林、张捷,2007:《产品内分工与中美结构性贸易顺差》,《世界经济研究》第 2 期。

沈国兵,2004:《美中贸易逆差与人民币汇率:实证研究》,《南开经济研究》第 6 期。

王允贵,2003:《外商直接投资、外汇收支顺差与人民币升值压力》,《管理世界》第 11 期。

张斌、何帆,2006:《货币升值的后果——基于中国经济特征事实的理论框架》,《经济研究》第 5 期。

张岭松,2008:《跨期贸易中的比较优势与我国贸易顺差研究》,《现代管理科学》第 7 期。

Alexander, S., 1952, "Effects of a Devaluation on a Trade Balance", IMF Staff Papers, pp. 263 – 278.

Athukorala, P. and N. Yamashita, 2009, "Global Production Sharing and Sino-US Trade Relations", China &World Economy, Vol. 17, No. 3, pp. 39 – 56.

Benge, M. and G. Wells, 2002, "Growth and the Current Account in a Small Open Economy", *The Journal of Economic Education*, Vol. 33, No. 2, pp. 152 – 165.

Brainard, S. L. and D. M. Cutler, 1993, "Sectorial Shifts and Cyclical Unemployment Reconsidered", *The Quarterly Journal of Economics*, Vol. 108, No. 1, pp. 219 – 243.

Burke, J., 2000, "U. S. Investment in China Worsens Trade Deficit", Economic Policy Institute Briefing Paper, No. 93, pp. 1 – 12.

Dornbusch, R., 1983, "Real Interest Rates, Home Goods, and Optimal External Borrowing", *The Journal of Political Economy*, Vol. 91, No. 1, pp. 141 – 153.

Dunning, J. H., 1980, "Toward an Eclectic Theory of International Production: Some Empirical Tests", *Journal of International Business Studies*, Vol. 11, No. 1, pp. 9 – 31.

Ethier, W. J., 1986, "The Multinational Firm The Multinational Firm", *The Quarterly Journal of Economics*, Vol. 101, No. 4, pp. 805 – 834.

Fleming, J. M., 1962, "Domestic Financial Policies under Fixed and under Floating Exchange Rates", *Staff Papers-International Monetary Fund*, Vol. 9, No. 3, pp. 369 – 380.

Fung, K. C. and L. J. Lau, 2003, "Adjusted Estimates of United States – China Bilateral Trade Balances: 1995 – 2002", *Journal of Asian Economics*, Vol. 14, pp. 489 – 496.

Greenwood, D. T., 1988, "A Comment on 'Evolutionary Economics I: Foundations of Institutionalist Thought'", *Journal of Economic Issues*, Vol. 22, No. 1, pp. 249 – 251.

Helpman, E., 1984, "A Simple Theory of International Trade with Multinational Corporations", *The Journal of Political Economy*, Vol. 92, No. 3, pp. 451 – 471.

Horstmann, I. J. and J. R. Markusen, 1987, "Strategic Investments and the Development of Multinationals", *International Economic Review*, Vol. 28, No. 1, pp. 109 – 121.

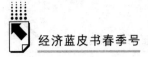
Kumar S. , 2009, "An Empirical Evaluation of Export Demand in China", *Journal of Chinese Economic and Foreign Trade Studies*, Vol. 2 No. 2, pp. 100 – 109.

Makin, A. J. , 2007, "Does China's Huge External Surplus Imply an Undervalued Renminbi?", *China &World Economy*, Vol. 15, No. 3, pp. 89 – 102.

McKinnon, R. I. , 2007, "The transfer problem in reducing the U. S. current account deficit", *Journal of Policy Modeling*, Vol. 29, pp. 669 – 675.

Mundell, R. A. , 1957, "International Trade and Factor Mobility", *The American Economic Review*, Vol. 47, No. 3, pp. 321 – 335.

Mundell, R. A. , 1960, "The Monetary Dynamics of International Adjustment under Fixed and Flexible Exchange Rates", *The Quarterly Journal of Economics*, Vol. 74, No. 2, pp. 227 – 257.

Obstfeld, M. , 1982, "Aggregate Spending and the Terms of Trade: Is There a Laursen-Metzler Effect?", *The Quarterly Journal of Economics*, Vol. 97, No. 2, pp. 251 – 270.

Obstfeld, M. and K. Rogoff, 1995, "Exchange Rate Dynamics Redux", *The Journal of Political Economy*, Vol. 103, No. 3, pp. 624 – 660.

Rima, I. H. , 2004, "China's Trade Reform: Verdoorn's Law Married to Adam Smith's 'Vent for Surplus' Principle", *Journal of Post Keynesian Economics*, Vol. 26, No. 4, pp. 729 – 744.

Robinson, J. , 1936, "Banking Policy and the Exchanges", *The Review of Economic Studies*, Vol. 3, No. 3, pp. 226 – 229.

Sachs, J. , 1982, "The Current Account in the Macroeconomic Adjustment Process", *The Scandinavian Journal of Economics*, Vol. 84, No. 2, pp. 147 – 159.

Vernon, R. , 1966, "International Investment and International Trade in the Product Cycle", *The Quarterly Journal of Economics*, Vol. 80, No. 2, pp. 190 – 207.

Yanoa, M. and T. Honryo, 2010, "Trade imbalances and harmonization of competition policies", *Journal of Mathematical Economics*, Vol. 46, pp. 438 – 452.

B.8
总量持续增长　结构调整优化

——2010 年我国利用外资报告

江小涓*

摘　要：2010 年，全球跨国直接投资实现恢复性增长，我国吸引外商直接投资同比增长 17.44%，远高于全球跨国直接投资增速，仍为全球第二大外资东道国。农业和服务业吸收利用外资比重有显著提升，外资行业结构进一步优化。我国利用外资仍有较大空间，要进一步完善体制机制，继续扩大服务业利用外资规模，更好地利用国内外两种资源，形成新的竞争力。

关键词：外商直接投资　服务业　结构调整

2010 年，全球跨国直接投资实现恢复性增长，我国吸引外商直接投资达到 1057.35 亿美元（不包括金融领域），同比增长 17.44%，远高于全球跨国直接投资增速，仍为全球第二大外资东道国。同时农业和服务业吸收利用外资比重有显著提

---

* 江小涓，国务院政策研究室，研究员。

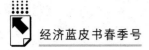

升，外资行业结构进一步优化。我国利用外资仍有较大空间，应转向"中性"的外资政策，进一步完善体制机制，继续扩大服务业利用外资规模，更好地利用国内外两种资源，形成新的竞争力。

一 2010 年我国吸收外资和全球直接投资概况

（一）我国吸收外资数额大幅增长

2010 年，我国吸引外商直接投资逆转了 2009 年小幅下降势头，继续稳步回升（见图 1），而且批准设立企业家数、合同外资和实际利用外资都有明显增长。2010 年，全年新批准设立外商投资企业 27406 家，同比增长 16.94%；合同利用外资 2355.27 亿美元，同比增长 21.72%；实际利用外资 1057.35 亿美元，同比增长 17.44%。

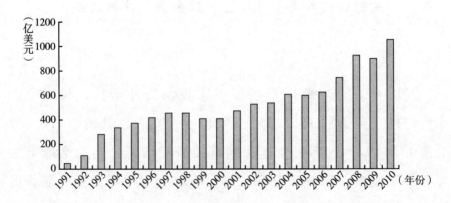

图 1 中国历年实际使用外资额（不含金融领域）

（二）全球跨国直接投资小幅回升，发展中国家和转轨国家占比达到 53%

根据联合国贸发会议统计，2010 年，全球跨国直接投资总量从 2009 年的 11141 亿美元上升到 2010 年 11220 亿美元，增长 0.7%。其中，流入发展中国家 5248 亿美元，流入转轨国家 705 亿美元，分别增长 9.7% 和 0.8%，两者合计占总数的比重达到 53%。这是发展中经济体吸引外资首次超过 50%。流入发达国家的跨国投资则继续了 2009 年的下降趋势，为 5266 亿美元，与 2009 年相比下降 6.9%。

美国吸引 FDI 为 1861 亿美元，比 2009 年增长 43.3%，仍然是全球吸引 FDI 最多的国家。日本吸引 FDI 为 20 亿美元，比 2009 年下降 83.4%。欧洲国家中，法国和德国分别吸引 574 亿美元和 344 亿美元，比 2009 年下降 3.7% 和 3.5%，幅度较小；而爱尔兰和意大利分别吸引 84 亿美元和 197 亿美元，分别下降 66.3% 和 35.5%。

发展中国家中，东亚、南亚和东南亚吸引外资 2746 亿美元，比 2009 年增长了 17.8%，占全部发展中国家吸引外资的比重达到了 52.3%。其中，我国吸引外资 1057.35 亿美元，仍居发展中国家首位。其次是中国香港、新加坡和印度，分别达到 626 亿美元、374 亿美元和 237 亿美元，中国香港和新加坡增长了 29.2% 和 122.7%，而印度下降了 31.5%。拉美和加勒比地区吸引外资 1411 亿美元，增长 21.1%；吸引外资前三位的分别是巴西、墨西哥和智利，分别为 302 亿美元、191 亿美元和 182 亿美元，分别增长 16.3%、52.9% 和 43.4%。

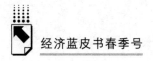

（三）中国仍为最大的发展中东道国

2010 年，我国实际使用外资数额仍居发展中国家第一位，全球第二位，实际使用外资占全球总额的比重持续上升，已从 2007 年的 3.78% 上升到 9.42%，见表 1 和图 2。

表 1　全球跨国投资与我国利用外资的增长速度

单位：亿美元，%

年份	全球 FDI 流入量	增长率	中国实际利用外资额	增长率	中国占全球比重
1991	1556.86		43.66		2.80
1992	1665.94	7.01	110.08	152.13	6.61
1993	2224.08	33.5	275.15	149.95	12.37
1994	2567.85	15.46	337.67	22.72	13.15
1995	3411.44	32.85	375.21	11.12	11.00
1996	3904.43	14.45	417.26	11.21	10.69
1997	4858.08	24.42	452.57	8.46	9.32
1998	7053.3	45.19	454.63	0.46	6.45
1999	10786.06	52.92	403.19	−11.31	3.74
2000	13816.75	28.1	407.15	0.98	2.95
2001	8204.3	−40.62	468.78	15.14	5.71
2002	6296.75	−23.25	527.43	12.51	8.38
2003	5651.6	−10.25	535.05	1.44	9.47
2004	7348.92	30.03	606.3	13.32	8.25
2005	9733.29	32.45	603.25	−0.50	6.20
2006	14610.74	50.11	630.21	4.47	4.31
2007	19788.38	35.44	747.68	18.64	3.78
2008	16973.53	−14.22	923.95	23.58	5.44
2009	11141	−34.36	900.33	−2.56	8.08
2010	11220	0.71	1057.35	17.44	9.42

资料来源：中国数据引自相应年份的《中国统计年鉴》；全球数据引自相应年份的《世界投资报告》（英文版），2010 年数为联合国贸发会议提供的预计数。

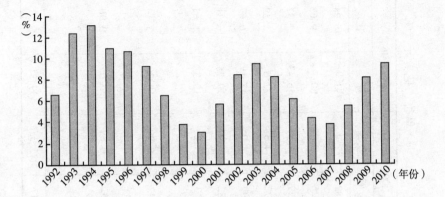

**图2　1991～2010年中国实际使用外资占
全球跨国投资总额比重**

（四）我国投资来源国结构没有发生明显变化

2010年，对华投资前十位国家/地区（以实际投入外资金额计）依次为：中国香港（674.74亿美元）、中国台湾（67.01亿美元）、新加坡（56.57亿美元）、日本（42.42亿美元）、美国（40.52亿美元）、韩国（26.93亿美元）、英国（16.42亿美元）、法国（12.39亿美元）、荷兰（9.52亿美元）和德国（9.33亿美元），前十位国家/地区实际投入外资金额占中国实际利用外资金额的90.4%（上述国家/地区数据包括了这些国家/地区通过维京群岛、开曼群岛、萨摩亚和毛里求斯等自由港对华进行的投资）。与2009年相比，新加坡超过日本，成为我国第三大来源国，荷兰超过德国，成为我国第九大来源国（见表2）。

表 2　排名前十位的主要投资来源方

单位：亿美元，%

国家/地区	2010 年		2009 年		2008 年		2007 年		2006 年	
	实际金额	比重	实际金额	比重	实际金额	比重	实际金额	比重	实际金额	比重
中国香港	674.74	63.81	539.93	59.97	519.93	56.3	391.82	52.4	291.4	46.24
中国台湾	67.01	6.34	65.63	7.29	69.77	7.6	58.26	7.79	60.7	9.63
日　　本	42.42	4.01	41.17	4.57	36.69	4	36.29	4.85	46.43	7.37
新 加 坡	56.57	5.35	38.86	4.32	46.35	5	32.72	4.38	22.6	3.59
美　　国	40.52	3.83	35.76	3.97	45.83	5	36.99	4.95	42.19	6.69
韩　　国	26.93	2.55	27.03	3.00	31.8	3.4	36.82	4.92	39.78	6.31
英　　国	16.42	1.55	14.69	1.63	22.96	2.5	24.13	3.23	10.37	1.65
法　　国	12.39	1.17								
德　　国	9.33	0.88	12.27	1.36	9.09	1	7.42	0.99	19.79	3.14
巴巴多斯							7.1	0.95		
澳　　门			10	1.11			6.62	0.89	6.05	0.96
荷　　兰					8.72	0.9				
加 拿 大	9.52	0.90	9.59	1.07	7.49	0.8				
合　　计	955.85	90.40	794.93	88.29	798.63	86.5	638.17	85.35	539.31	85.58

资料来源：商务部提供。

二 外资投资领域和结构的变化

2010 年，我国利用外资结构进一步优化，服务业比重继续提高，国内企业通过海外上市融资持续增长。

（一）外商投资行业结构进一步优化

农林牧渔领域实际使用外资金额增长较快。2010 年，农林牧渔领域新设立外资企业 929 家，同比增长 3.68%；实际使用外资 19.12 亿美元，同比增长 33.82%，占实际使用外资总额的比重从 2009 年的 1.59% 上升到 2010 年的 1.81%。其中，农业实际使用外资 9.51 亿美元，同比增长 26.65%（见表 3）。

表 3 2010 年外商直接投资行业分布

投资领域	企业数		实际使用外资	
	数量（家）	同比增长（%）	金额（亿美元）	同比增长（%）
农林牧渔	929	3.68	19.12	33.82
制造业	11047	13.11	495.91	6.03
服务业（不含金融）	13905	21.32	487.09	28.63

制造业实际使用外资金额实现同比增长。2010 年，外商投资企业在制造业新设立企业 11047 家，同比增长 13.11%；实际使用外资 495.91 亿美元，同比增长 6.03%（见表 3），2009 年同比下降了 6.26%。制造业外资占总额的比重从 2009

年的 51.95% 下降到 46.9%，下降了 5.05 个百分点。制造业吸引外资集中在几个传统行业：通信设备、计算机及其他电子设备制造业（84.32 亿美元，增长 17.54%），电气机械及器材制造业（55.36 亿美元，增长 7.46%），通用设备制造业（34.58 亿美元，增长 15.77%），化学原料及化学制品制造业（34.37 亿美元，下降 13.9%），交通运输设备制造业（32.8 亿美元，增长 3.5%）。服务业实际使用外资增长大幅高于平均水平。2010 年，服务业新设立外资企业 13905 家，同比增长 21.32%；实际使用外资 487.09 亿美元，同比增长 28.63%（见表 3），占全国吸引外资的比重从 2009 年的 42.06% 上升到 2010 年的 46.07%，提高了 4.01 个百分点。服务业利用外资主要在：分销服务业（54.9 亿美元，增长 20.36%），计算机应用服务业（24.33 亿美元，增长 11.84%），运输服务业（22.44 亿美元，下降 11.22%），电力、煤气及水的生产和供应业（21.25 亿美元，增长 0.6%），其他社会服务业（20.3 亿美元，增长 29.65%）。

（二）外资制造业继续向中西部地区转移

2010 年，在东中西三地区中，中西部实际使用外资增长速度远高于东部地区。东部地区实际使用外资 898.55 亿美元，同比增长 15.81%；中部地区实际使用外资 68.58 亿美元，同比增长 28.55%；西部地区实际使用外资 90.23 亿美元，同比增长 26.91%。中西部地区增速比平均水平分别高 11.11 和 9.47 个百分点。

2010 年，外资制造业企业加速内迁，西部成渝、中部豫鄂湘与海西福建等成为新的投资热点。首先，成都和重庆成为继东莞、昆山后的新的电子计算机及周边产品生产基地。2010年 1 月和 2 月，广达集团、英业达集团分别与重庆市政府签约，分别投资 10 亿美元与 8 亿美元，从事笔记本电脑代工生产。11 月初，全球第二大个人电脑生产企业宏基集团宣布在重庆市成立中国大陆第二个营运总部，并兴建新的 PC 全球制造中心，进一步增强重庆的 IT 生产基地地位。大型 IT 企业集团的进驻，带动了相关配套企业纷纷落户重庆，仅英业达带来的零部件厂商就有 60 多个，重庆笔记本电脑基地在一小时的区域范围内，布局了 18 个电脑零部件基地。2010 年 5 月，鸿海集团在成都成立鸿富锦精密电子（成都）公司，从事手机生产代工。台湾 IC 设计厂商联发科技公司在成都成立联发芯公司，2010 年 11 月追加了投资 3.07 亿元新台币，总投资增加到 4.53 亿元新台币。其次，由于长三角、珠三角等沿海地区生产成本的上升和中部地区交通条件的改善，外资制造业也开始向中部地区转移。2010 年 7 月，富士康集团在河南郑州设立手机代工厂，将河南作为新的内陆 IT 生产基地，生产第三代及后续移动通信系统手机、新型电子元器件等，预计 2011年将有 14 万员工进入。2010 年 12 月初，台湾永茂集团与河南南阳河唐县签署兴建台湾产业园项目，总投资达 23.5 亿元人民币。12 月初，富士康集团（鸿海）与湖南省政府签署合作框架协议，鸿海将在湖南长沙与衡阳兴建研发与生产基地，从事硬件制造、软件开发、三网融合、新产品研发、生产与销售等，并带动部分上中下游厂商转移湖南。2010 年 12 月，台湾联强国际集团与湖南省政府签订 5C 营运总部等 7 个合作项目，总投资达 2.94 亿美元，加上与湖南各地合作的 19 个项目，总金额近 8 亿美元。

（三）服务业领域进一步扩大开放

外资商业继续扩张步伐。2010 年，沃尔玛在华新开店达 49 家，在华门店总数达到 224 家。在沃尔玛已经开设的门店中，主要有购物广场、山姆会员店、社区店、惠选超市、惠选折扣店五种形态。2010 年，家乐福在华新开门店总数为 30 家，在华门店总数为 176 家。家乐福等外资商业企业开始采用并购方式进行扩张。2010 年 7 月，家乐福宣布并购河北零售商保龙仓，双方通过股权合作形式，组建全新合资公司——河北保龙仓家乐福商业有限公司。这是家乐福进入中国市场 14 年来首次尝试并购扩张，未来将用于全国。2010 年 12 月，美国地平线投资集团公司和中国邮政公司在江西丰城市袁渡镇开办了江西省首家外资农村超市。超市面积约 360 平方米，分日用百货和农资两个货区，商品采取中外双方联合采购的形式，目前已采购国内外商品千余种。此前，美国地平线投资集团公司和中国邮政公司已在山东和河南开办了农村超市，未来计划在全国建成 1 万个农村超市。

外资银行等金融机构继续扩大在中国的网点布局，特别是在西部地区。2010 年，重庆市新设外资金融、保险类机构共 25 户，注册资本和投资总额均为 1.8 亿美元。截止到 2010 年底，已有汇丰、渣打、花旗等各类世界金融组织在渝设立了96 家机构，注册资本 4.99 亿美元，投资总额为 5.3 亿美元。2010 年 9 月，澳大利亚澳新银行在成都高新区——天府软件园设立自己在华首家拥有中文客服能力的运营中心。澳新银行是一家世界五百强企业，1986 年进入中国，目前已在北京、上海和广州等地拥有了五家网点。此次在成都高新区建立的澳新银行成都运营中心注册资本 1300 万美元，建筑面积达到1.1 万平方米，将主要为中国客户提供客服呼叫和后台运营服务。2010 年 11 月，花旗银行贵阳分行开业，成为首个进驻贵阳的国际银行，也是继成都分行、重庆分行之后，花旗在中国西部开设的第三家分行。2010 年 8 月，渣打银行作为第一家外资银行落户呼和浩特。2010 年 7 月，联泰大都会人寿保险有限公司四川分公司在成都开业，这是继江苏、浙江之后开设的第三家分公司，也是落户四川的第 10 家中外合资寿险公司。

外资银行继续布局村镇银行。汇丰银行是最先关注并参与中国农村金融改革的外资银行，旗下的村镇银行到 2010 年岁末增至 10 家，服务网点总数达 16 个，成为内地外资银行中最大的村镇银行网络，未来将依然按照每年开 3～4 家村镇银行的速度在中国深耕农村金融。

2010 年 12 月，中国首家外商独资的消费金融公司——捷信消费金融有限公司（捷信）正式在天津开业。该公司由中东欧大型私有投资集团 PPF 集团全资建立，注册资金为 3 亿元人民币。天津亦成为继北京、上海和成都后的第四座消费金融公司试点城市。捷信将在天津地区提供无担保大众消费贷款业务，为天津本地消费者提供各种"店内销售分期付款"产品和现金贷款产品，为消费者购买耐用消费品和参加教育、旅游等活动提供资金支持。捷信集团于 2008 年在广东省推出了"店内销售分期付款"的创新模式，截至 2010 年 10 月 31 日，捷信集团在中国的客户基础已有 59 万多名活跃客户，1～10 月的总贷款额达到 19 亿元。

（四）国内企业海外上市再创新高

一方面，在 2009 年海外上市大幅增长后，2010 年国内企业海外上市持续增加，融资市场分布更为集中，海外上市已经成为我国企业引进利用国外资本的重要渠道。根据创业投资和私募股权研究机构——清科集团统计，2010 年我国国内企业在其关注的 13 个海外市场上，共有 129 家企业上市，合计融资 332.95 亿美元。与 2009 年相比，上市公司数增加了 52 家，融资额增加了 22.7%（见表 4）。另一方面，融资市场分布更为集中。2009 年我国企业在海外 9 个资本市场都有上市，而 2010 年则只有香港主板、纽约证交所、NASDAQ、新加坡主板、韩国创业板和法兰克福交易所 6 个市场（见表 5）。

表 4　2006～2010 年中国企业海外市场上市融资情况

年　份	2006	2007	2008	2009	2010
融资额（百万美元）	43997.99	39744.79	6922.35	27139	33295
上市数（家）	86	118	37	77	129

资料来源：清科集团（2011）。

表5　2008～2010年国内企业海外上市交易所分布

单位：百万美元，家

市　场	2010年			2009年			2008年		
	融资额	数量	平均融资额	融资额	数量	平均融资额	融资额	数量	平均融资额
香港主板	28829.08	71	406.04	24835.21	52	477.6	5987.31	19	315.12
NASDAQ	1257.72	23	54.68	1479.43	8	184.93	63.45	3	21.25
纽约证券交易所	2628.16	22	119.46	458.76	5	91.75	240.3	3	80.1
新加坡主板	279.68	8	34.96	147.15	5	29.43	631.29	12	52.61
韩国创业板				95.99	3	32			
法兰克福证券交易所	121.33	1	121.33	72.56	1	72.56			
韩国交易所主板	178.77	4	44.69	41.07	1	41.07			
凯利板				4.96	1	4.96			
香港创业板				4.26	1	4.26			
合　计	33294.74	129	258.1	27139.39	77	352.46	6922.35	37	187.09

资料来源：清科集团（2011）。

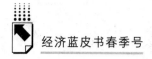

在行业分布方面，由于中国农业银行第三季度在香港主板上市，金融行业融资额占比达到了36.2%，机械制造、清洁技术、能源及矿产、生物技术/医疗健康行业分别列第二至第五名，全年融资分别为41.05亿美元、25.7亿美元、20.39亿美元和17.98亿美元。2010年，各发达国家/地区股市虽然在上半年受到欧洲债务危机的影响，但是随着各国积极采取应对措施，以及美国经济数据企稳，各个资本市场依然走强。这是我国企业海外上市能够持续增长的重要原因。

三　我国吸引外资将继续增长

2011年，我国进一步扩大利用外资既有其必要性，也有其可行性。继续扩大利用外资，特别是在社会服务业领域继续扩大外资，有助于我国产业结构的优化，有助于发展方式的转变。国际金融危机给我国利用外资既带来了挑战，也带来了发展的新机遇。从长期经济发展趋势看，全球跨国直接投资将随着全球经济复苏而逐步恢复增长，进一步扩大利用外资有其可行性。

（一）全球金融危机不会改变经济全球化继续深化的大趋势

2010年，全球跨国直接投资复苏幅度很小。2010年全球跨国直接投资虽然相比2009年有所回升，但增长率只有0.7%。虽然美国利用外资实现了强劲增长，增幅达到了

43.3%，但是欧盟的主要国家法国、德国仍然是负增长，而日本更是大幅减少。跨国直接投资尚未恢复危机前的水平，这一因素制约了我国外商投资快速增长。

然而，危机不会阻止全球化继续推进。20世纪80年代以来，全球性和区域性金融和经济危机此起彼伏，但全球化一直在推进。从国际贸易看，贸易总额有起伏，但在世界GDP中的比重持续上升。国际货物贸易出口占GDP的比重从1980年的17.1%上升到2008年的26.4%。从跨国投资看，跨国直接投资占GDP的比重从1980年的0.45%上升到2008年的2.79%（见图3）。

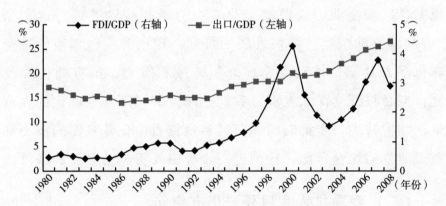

图3 全球出口与FDI占GDP的比重

同时，经济危机的出现会推进全球化的发展，而且往往是危机最深领域全球化跃升期。道理不复杂，各国的危机程度不同，深度危机国家的企业难以自保，需要危机较轻国家企业的投资重组。20世纪90年代的拉美和亚洲两次金融危机后，各国金融资产中外国资产的比重平均陡升了约7个百分点，许多

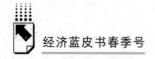

国家银行业的国际化程度显著提高；20世纪末IT泡沫破裂后，发达国家IT巨头迅速向发展中国家转移生产能力，IT产业的生产国际化、资产国际化程度明显提高。

可以预计，这次危机之后，国际贸易绝对数额还会增长，相对比例不会萎缩，全球化进程总体上不会逆转，有些方面还可能加速。很难设想美国不再进口而是自己制造劳动密集型产品、资源生产国不再出口而是自己加工初级产品并发展后续产业、中国不再进口资源类产品而是自给自足的这种全球化向后退，目前的基本分工格局难有大的改变。与此同时，跨国产业重组会比"正常"时期更密集，例如发达国家有许多陷入困境的科技型企业、资源类企业正在寻求被收购兼并，这正是"好的国家和企业"加快发展的机遇。理论和实践都表明，全球化多方共赢，推动因素多元、持续和有力，虽有曲折和反复，但必将继续深入发展。我们继续发展离不开全球化的大背景，维护并进一步推动国际贸易和投资自由化是我国的核心利益。两方面综合考虑，我国进一步吸引外资具备必要的条件。

（二）我国扩大利用外资仍有空间

虽然我国利用外资持续增长，但在国内投资总额中的比重并不高，内资始终占主体地位，占投资总额的比重超过90%。实际利用外资额占国内固定资本形成总额的比重，最高是在1994年，达到16.81%，此后持续下降，2002年后降到10%以下，2008年为5.08%，2009年更进一步下降到3.92%（见表6）。支撑投资高增长的主力是内资。外商投资企业主要集中在工业领域，外资企业产值占工业增加值的比重在 1998 年超过 20%，到 2003 年超过 27%，此后一直保持在这个水平之上。内资企业占工业产出的比重始终超过 70%。服务业和农业的外资企业产出比重更低。

表 6　外资占固定资本形成总额比重与外资企业占工业增加值比重

单位：%

年份	外资占固定资本形成总额的比重	外资企业占工业增加值的比重	年份	外资占固定资本形成总额的比重	外资企业占工业增加值的比重
1985	2.15		1998	13.17	20.88
1986	2.47		1999	10.93	22.49
1987	2.27		2000	9.96	23.98
1988	2.53		2001	10.28	25.16
1989	2.89		2002	10.01	25.98
1990	3.45		2003	8.28	27.62
1991	3.83		2004	7.71	27.81
1992	7.13		2005	6.39	28.35
1993	11.91		2006	5.57	28.05
1994	16.81		2007	5.39	27.45
1995	15.00	14.77	2008	5.08	
1996	14.43	15.83	2009	3.92	
1997	14.45	17.86			

资料来源：各年《中国统计年鉴》。

（三）制造业利用外资有望继续实现增长

虽然 2010 年我国制造业利用外资增速低于平均水平，但有两大因素决定了 2011 年制造业利用外资仍将保持增长。首先，我国全球制造中心的地位没有改变。由于担心全球物价特别是食品价格的上涨，"世行"调低了对 2011 年经济增长率的预测，认为不确定性因素仍然很多，全年经济增长率可能为 3.3%，低于 2010 年的 3.9%。但是，经济全球化的趋势无法逆转，我国全球制造中心的国际地位在危机中不仅没有削弱，甚至有所加强。2011 年这一大趋势不会改变。其次，虽然我国东部沿海地区劳动力成本明显上升，对部分低端外资吸引力有所下降，但是中西部地区制造业正在快速崛起，重庆、四川、河南等传统的内陆地区正在吸引新的投资投入，外资向中西部地区持续增长的势头仍将继续。而且，中西部新兴地区制造业外资的进入带动了配套产业资本进入，实际总额远大于东部沿海地区外资的减少量，两相抵消，全国制造业利用外资的总量将会继续增长。

另一方面，我国制造业外资产业结构并没有发生大的变化。2010 年，吸引利用外资最多的制造业产业仍然是通信设备、计算机及其他电子设备制造业，电气机械及器材制造业，通用设备制造业，化学原料及化学制品制造业，交通运输设备制造业。这些都是近几年外资投向集中的产业部门，说明 2010 年我国以 ICT 技术、汽车制造引领的制造业外资性质没有发生大的变化，这是我国全球制造业中心地位没有发生变化的一个佐证。

（四）服务业将成为我国扩大利用外资的重要领域

近 20 年来，服务业全球化是经济全球化的主导力量和重要内容。20 世 70 年代初期，服务贸易仅占全球出口总额的 1/10，服务业跨国直接投资仅占全球跨国投资总额的 1/4。服务贸易占全球贸易总额的比重 1980 年上升到 16.04%，1990 年上升到 19.18%，1993 年达到最高的 20.89%，而后保持在 19% 以上，2008 年为 19.4%。服务业跨国直接投资存量占全部跨国直接投资的比重从 1990 年底的 48.8% 上升到 2007 年底的 63.8%。

相比之下，我国服务业利用外资比重偏低，仍有广阔增长空间。2005～2007 年，全球跨国直接投资流量中，服务业占比达到 59%，其中发达国家服务业外资比重为 60%，而发展中国家服务业外资比重也高达 57%。近些年，我国服务业利用外资比重虽然不断上升，但 2010 年仍然只有 46.07%，远低于平均水平。

我国服务业发展水平不高，不仅本身成为我国经济增长的短板，而且由于服务业社会化程度不够，服务其他产业的能力不强，也成为影响国民经济实现转型升级从而实现长期健康可持续增长的重要因素。必须借助服务全球化的契机，扩大利用外资，加快服务业的发展。

我国服务业发展水平不足，主要是体制机制方面的原因。通过引进外资引入新的市场竞争，既是我国工业领域以开放促改革的重要经验，也将是服务业领域未来一个时期推进改革的一条可以预见的道路。

医疗领域很可能成为新的外资增长点。2010 年底，国务院办公厅的《关于进一步鼓励和引导社会资本举办医疗机构的意见》（国办发［2010］58 号）明确提出，"进一步扩大医疗机构对外开放，将境外资本举办医疗机构调整为允许类外商投资项目。允许境外医疗机构、企业和其他经济组织在我国境内与我国的医疗机构、企业和其他经济组织以合资或合作形式设立医疗机构，逐步取消对境外资本的股权比例限制。对具备条件的境外资本在我国境内设立独资医疗机构进行试点，逐步放开。境外资本既可举办营利性医疗机构，也可以举办非营利性医疗机构。鼓励境外资本在我国中西部地区举办医疗机构"。并且提出在医保定点、用人、学术等方面给予包括外资医院在内的非公立医院的执业创造良好环境。这将为外资进入医疗领域提供便利，预计 2011 年医疗领域外资将有显著增长。

综合上述各方面考虑，2011 年我国吸引利用外资将继续保持平稳增长态势，行业和地区结构将进一步优化。2011 年1、2 月实际利用外资分别达到 100.3 亿美元和 78 亿美元，同比分别增长 23.4% 和 32.2%，预计全年增长速度能够保持在10% 以上。服务业特别是高端社会服务业领域外商直接投资增速将高于平均水平，比例将持续提高。

四 完善体制机制，利用好国内国际两种资金

（一）总体上转向"中性"外资政策

今后相当长的一段时间内，服务全球化、科技全球化、知识全球化仍是大势所趋，将会进一步加速，我们需要继续扩大

开放，从开放中获取国际优势资源，形成新的竞争能力。

继续扩大开放并不等于继续给外资优惠政策。以往较长时期，我们的开放政策一直倾向于鼓励出口，限制进口；鼓励资金流入，限制资金流出；即商品奖出限进，资金奖进限出，政策有明显的倾向性。这些都是我国国情、发展阶段和产业竞争力所决定的，也是诸多国家在相同发展阶段采用的开放战略。目前，我国经济发展进入一个新阶段，需要向"中性"开放体制转变。

资金跨境流动。开放初期，国内急需引进外资，但国内投资环境不完善，企业生产经营环境与市场经济国家有很大差别。为了鼓励外资进入，我国对外商投资企业实行了一系列优惠政策，同时，对资金流出特别是使用外汇资金采取了严格的限制政策。经过 30 年改革开放，我国已经初步形成了社会主义市场经济体制，市场配置资源的作用不断增强，资金跨境双向流动都具有重要意义。我国经济继续保持平稳较快发展，社会主义市场经济体制进一步完善，外商在华生产经营环境的基本面继续向好。全面履行"入世"承诺，中国的市场进一步开放，中国产业的国际竞争力进一步增强，吸收外资的国内市场和产业基础更好更强，引导外商在华投资，继续提升产业结构和技术水平。过去几年存在的一些不明确不稳定因素明显减少，内外资企业统一税制已经实现，外贸政策经过多轮调整后有可能相对稳定，土地、资源、环境、劳动力等重要生产要素的管理制度更加透明规范，外商投资环境的稳定性和可预期性增强。这些变化表明，对资金跨境流动实行"奖入限出"政策的理由已经消失或弱化，应该转向"中性"政策，同等对待资金流入和流出。

"中性"是指在企业自主权、市场地位、汇率形成机制、外汇管制等各个方面，对贸易和要素的双向流动都给予平等地位，没有特殊和突发因素，不再特别支持或约束某个方面，实现商品、服务、要素和人员更加自由的双向流动。几项重点工作，一是在出口和进口之间保持"中性"，改变目前鼓励出口和限制进口的政策。二是要在吸收外资和对外投资之间保持"中性"，改变目前鼓励吸收外资和限制对外投资的政策。三是在本土企业和外资企业之间保持"中性"，改变特别优待外资的政策导向。要做到"中性"，要求政策、体制和法律都做相应调整。这种调整不仅针对直接与涉外经济相关的内容，还包括一些深层次的体制机制问题，例如，实行"二税合一"后，内资企业和外资企业在税收政策方面做到平等。但是，还要做到体制环境平等，要加快国有企业改革，按照市场经济的要求，实现转机建制，使企业真正成为自主经营、自负盈亏、自我发展、自我约束的法人实体和市场竞争主体，企业才能在"动力"和"负责"这些深层次上，与外商投资企业处在平等地位。

从 2008 年开始，包括《劳动合同法》和更严格的环境保护规定等法律法规开始实施，对国内企业和外资企业的投资经营决策造成影响。其中，有些外资企业会感到成本上升压力加大、盈利空间缩小，甚至有少数企业可能倒闭或撤资。对这种现象要以平常心态正确认识，不应再次增加对外资的优惠政策。要认识到，随着外资存量的增加，"外资"这个我们以往高度稀缺的生产要素不断积累，稀缺性下降，竞争增加，投资回报逐步递减，此时外资企业开始向外转移和国内企业加快对外投资，都是资本追逐利润的合理选择和必然行为。同时，也要进一步改善投资环境，包括完善相关法律法规，创造更好的市场环境和透明、可预期的政策环境，加强知识产权保护，加强对外资企业的服务和监管等。通过这些努力，在全球激烈的引资竞争中保持和加强我们的吸引力，继续吸收利用外资和进一步提高利用外资水平。

（二）完善体制机制促进资金合理跨境配置

做到"中性"资金跨境流动，体制机制是关键。以下几个方面的改革需要加快推进。

1. 理顺价格关系

价格机制扭曲，不仅影响国内资源配置，也必然影响两种资源在两个市场上的配置。例如当某种资源定价过低，或者资源环境成本没有完全体现在产品价格中时，不仅国内会过量使用，还会大量出口，导致外需不合理增长。同样，当限制进口某些价格较低的国外产品时，国内就会用较高成本生产这类产品，抑制对这类产品的国内需求并导致内需结构不合理。

2. 深化企业改革

企业治理结构不合理、风险约束机制不健全，其高风险的行为会蔓延到全球市场，而相应的获益方在国外，不是利益国

195

内再分配，而是净流失。例如，以往出现过国有企业的经营者在合资转制中想方设法压低国有资产价格的行为，在投资经营中重扩张轻风险、导致企业大量亏损的行为，随着我国企业海外投资的增加，这种风险会伴随出海。要加快企业改革，平衡"动力"和"约束"机制，使企业行为建立在市场约束的基础上。

3. 平等对待市场主体

全球化条件下，各种资源的持有者都在全球市场上寻求风险扣除后回报最高的投资和发展机会，综合考虑收益性、流动性和安全性。如果市场配置资源的机制不健全，就会产生不合理的资源跨境流动行为。以吸收外资为例，如果长期享有优惠政策，就会抑制内资获得平等发展机会。再以长期投资行为为例，由于较长时期才能获得回报，需要一种可信的制度基础保持其权益，否则本可以在国内从事的投资项目，就会因避险需求而大量流出。

4. 推进服务业改革开放

服务业长期发展滞后，约束了消费增长。要加快服务业改革开放，特别要加快那些进入障碍多、活力不够的服务业改革开放，重点是放宽市场准入，引入竞争机制，降低成本和增加供给。对于具有公共和准公共产品性质的服务业，在加大政府投入的同时，要发展多种方式的服务提供组织和提供方式，在可能的领域引入竞争机制，保障和改善供给。更广泛深入地参与服务全球化过程，能够吸收全球优势要素和面向全球市场，加快服务业发展，形成有利于扩大就业、促进消费和节约能源资源的新增长点。承接国际服务外包也是我们很有潜力的开放领域，符合我国国情和竞争优势。最近几年，需要直接进入劳动力市场的高等学校毕业生在 600 万左右，除国内外，还需要在全球范围内寻求适合这类就业者的岗位，劳动、知识和技能相对密集的服务出口，将是扩大开放的重要内容。高度重视和妥善处理服务业对外开放带来的新问题、新挑战，特别在普遍服务问题和防止垄断方面要加强监管，今后特别要加强对服务领域外资并购行为的监管能力，对重要产业中的大型外资并购案，要完善审查程序和加强控制能力。

总之，继续积极有效利用外资，是发展中人口大国和全球化深入发展这两个国内国际基本条件决定的，方向和趋势不会改变，水平和质量要继续提高。

参考文献

UNCTAD，2010，Global Investment Trends Monitor，No. 2，Global Investment Trends Monitor，Geneva：19 January 2010.

江小涓：《服务全球化的发展趋势和理论分析》，《经济研究》2008 年第 2 期。

江小涓：《中国对外开放进入新阶段：更均衡合理地融入全球经济》，《经济研究》2006 年第 3 期。

江小涓等：《全球化中的科技资源重组和中国产业竞争力提升》，中国社会科学出版社，2004。

江小涓主编《中国开放 30 年：增长、结构与体制变迁》，人民出版社，2008。

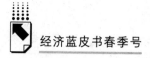
联合国贸发会议网站：www. unctad. org。

清科研究中心：《2010 年共 476 家中国企业在境内外资本市场上市，创历史新高》，http：//www. zero2ipogroup. com/research/reportdetails. aspx? r = b2574d0f – c2a3 – 4055 – 8376 – 30f570e303b6。

商务部：《外资动态》2011 年相关各期。

世界贸易组织网站：www. wto. org。

中华人民共和国商务部网站：www. mofcom. goc. cn。

胡蓉萍：《汇丰非常道：深耕中国村镇银行》，2011 年 1 月 15 日《经济观察报》。

陈险峰：《台商大陆投资新趋势：向中西部转移金融业兴起》，http：//www. ssipc. com. cn/web/news_ show. asp？ id = 1054 & cateid = 14。

刘叶林：《外资忙开店中资多元化　中外零售商"分道扬镳"》，http：//www. china. com. cn/economic/txt/2011 – 02/15/content_ 21929009. html。

B.9

就业形势如何影响经济增长

蔡 昉*

摘 要：随着劳动力供给增长率的下降，中国潜在经济增长率相应降低，对全要素生产率提高提出紧迫的要求。因此，否认劳动力供求关系的变化，不利于政府相关部门充分认识经济发展方式转变的紧迫性。认识到就业总量问题正在逐步让位于结构性问题，有助于分人群制定更加具有针对性的政策，也丰富了积极就业政策的内涵。此外，本文从加快转变经济发展方式的要求出发，提出积极就业政策关注重心向新移民、中西部地区和服务业转变的建议。

关键词：就业形势 潜在增长率 积极就业政策

中国的就业和宏观经济的其他领域不太一样，我们很难看到每年有特别大的变化，而且许多数字如调查失业率迄今没有公布。因此，本文主要是结合较为长期的趋势，结合我国的就业形势和经济增长的关系，对劳动力供求变化的长期趋势进行分析，为理解中国就业形势及其对经济增长的意义，提供一些帮助。

---

* 蔡昉，中国社会科学院人口与劳动经济研究所所长。

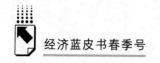

一 就业形势对经济增长潜力的影响

关于经济增长潜力，通常是从供给方进行研究，即观察构成经济增长源泉的若干因素的相对变化趋势。我们先看看全要素生产率（TFP）的变化趋势。大多数计量估计都显示，近年来 TFP 的增长情况是不乐观的。例如，有一篇加拿大学者和中国学者合作的文章，说 1999～2008 年期间，中国 TFP 对 GDP 增长率的贡献甚至为负数（Whalley and Zhao, 2010）。如果是这样的话，并且这个趋势持续下去，未来的中国经济增长，就缺了重要源泉。

我们观察一个关于经济增长源泉更为细致的研究结果。世界银行驻中国的一个经济学家做了几个阶段中国潜在增长率的趋势估计（Kuijs, 2009），而且做了分解（见图1）。在潜在增长率构成中，就业增长的贡献始终是迅速下降的，劳动生产率贡献相对提高，其中全要素生产率的贡献则是下降的，从 1978～1994 年的 3 个百分点降到 1995～2009 年的 2.7 个百分点，预测值 2010～2015 年期间进一步降到 2.3 个百分点。相应的，资本－劳动比的提高是迄今保持高增长率的主要因素，并将在 2010～2015 年期间保持高位，以维持经济增长速度。其结果则是，投资对经济的拉动作用明显增强，维系着中国经济的不平衡，导致增长的不可持续性。即便如此，该研究也预测了中国潜在增长率的下降，即从 1995～2009 年的 9.6% 下降到 2010～2015 年的 8.4%，进而 2016～2020 年的 7.0%。

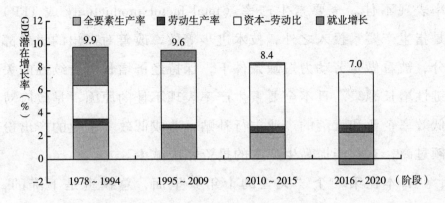

图1　潜在增长率及其贡献分解

资料来源：Kuijs（2009）。

我们也可以看到，在 2009 年之前，资本－劳动比对潜在经济增长率作出的贡献的部分是非常重要的，在"十二五"期间，预计这仍然是推动经济增长的主要因素。但是，这个成分是来自政府主导的投资和一揽子刺激方案，以及实施区域发展战略中资本密集型产业的发展。与政府大规模投资相比，改善中西部地区的投资环境更显重要。政策选择中值得注意的历史教训是，政府应该推动这些地区的体制改革，而不是单纯加大投资和给予补贴，避免日本"失去的十年"和欧洲"梅佐乔诺现象"的发生（Hayashi and Prescott，2002；Sinn and Westermann，2001；蔡昉，2011）。

日本经济学家林文夫和美国经济学家普雷斯科特（Hayashi and Prescott，2002）在研究日本第一个"失去的十年"时，得出结论说，第一个"失去的十年"不是因为企业得不到资金，也不是金融体制的问题，归根结底是全要素生产率表现不佳。全要素生产率（total factor productivity 或 TFP）是指生产要素投入之外，技术进步等效率改善对产出的贡献部分，被看做是劳动力短缺条件下，保持经济增长可持续性的关键性增长源泉。日本全要素生产率表现不佳的原因，是政府对低效率企业和衰落的产业进行补贴，造成低效率企业的产出份额过高，有利于提高生产率的投资相应减少。

日本在第一个"失去的十年"里面，总投资是下降的，这当然和老龄化、储蓄率下降有关。但是，政府采购部分却在增加，占总投资比重提高，也就是说政府补贴、政府投资这样一些保护方式在加剧。因此，政府在资源配置上发挥了越来越大的作用。这样做的结果是劳动生产率下降，资本产出率提高，这也意味着资本效益的下降和资本回报率的下降。关于日本"失去的十年"的这种解释，对中国有借鉴意义。

"梅佐乔诺"（Mezzogiorno）是指意大利的南部。意大利是发达国家中很少见的一个长期保持南方和北方巨大地区差距的国家。因此，经济学家乐于把意大利南部"梅佐乔诺"当作一个研究地区差距和趋同的案例。意大利南部原来是农业经济占主导，因而面临着随后的二元经济转换任务。它向现代经济增长的转变中保留了很多二元经济的遗产，始终保持了与北方的巨大收入差距。与此相似的是，德国统一以后，从计划经济转轨过来的东部地区，经济发展水平显著低于西部地区，德国东西部地区的发展差距仍然长期保持。

于是，就有经济学家说，有两个"梅佐乔诺"（Sinn and Westermann, 2001），这两个案例合起来，可产生两点启示。

一个是这些在欧洲存在的地区差距，既是二元经济转换中的问题，又是计划经济向市场经济转轨的问题。这两个特点相叠加，与中国的中西部有很多的相似性。再一个是长期观察下来，无论是意大利南部，还是两德统一以后的东德地区，都曾经有过比较快的增长时期，看上去似乎出现了趋同，但是后来又慢下来了，赶超没有持续。

"梅佐乔诺"经验和教训究竟是什么呢？总结起来，人们发现，意大利和德国中央政府都进行了大量转移支付和倾斜式投资，也就是说，数量庞大的补贴都用在了这些相对落后的地区，但是它所诱导出来的产业，却不是吸纳就业的产业。从而这些地区的产业发展，并没有在落后地区创造出足够的就业岗位，也没有导致人均收入水平的提高，结果是地区差距仍然存在。这就是为什么人们说有两个"梅佐乔诺"，因而我们把它归结为"梅佐乔诺陷阱"。

目前，在我国政府区域发展战略的支持下，中西部地区脱离比较优势，资本密集程度迅速提高的趋势值得警惕。2000～2007年期间，东部地区制造业的资本－劳动比年平均增长率为4.2%，而中部和西部地区分别为9.2%和8.1%。在2007年，中部和西部地区的资本－劳动比，已经分别比东部地区高20.1%和25.9%（蔡昉、王美艳、曲玥，2009）。因此靠资本－劳动比的提高支撑增长速度，未来是不可持续的。人力资本提高的部分始终比重是比较小的，短期内不会产生显著的贡献，但需要加快进行人力资本的积累。

此外，如果某些企业或产业遇到困难或打击，政府不分青

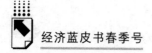

红皂白，不看它是否属于创造性毁灭或应该消亡的，而一味地保护它，维护它，让它活下去，最后的结果就是产业和企业竞争力日益下降，产业链中不健康的成分越来越多，从而导致全要素生产率不能提高，经济发展方式难以转变。经过了刘易斯转折点，如果这个必须的转变没有实现，就不能保持以往的高速增长，就会陷入中等收入陷阱。这是我们现在面临的一个潜在危险。

潜在增长率贡献份额的变化意味着，随着劳动力供给没有那么多，使得潜在增长率大幅度下降、人力资本不能上去的状况下，只能依靠投资即资本－劳动比的提高，如果依靠投资不能持续，又没有全要素生产率的显著提高，潜在增长率就会下降。这与我们关于人口红利的估计及其趋势预测是一致的。对中国的经济增长分析表明，人口抚养比（即依赖型人口与劳动年龄人口之比）的下降，对1982～2000年期间人均GDP增长率的贡献为26.8%（Cai and Wang, 2005）。然而，随着人口老龄化的加快，劳动年龄人口增长减速直至停止，这种意义上的人口红利将消失。根据预测，人口抚养比停止下降的时间为2013年，此后因老年人口与劳动年龄人口之比的显著上升而提高。换句话说，在"十二五"时期，中国将失去充足劳动力供给意义上的人口红利。

二 劳动力供求变化趋势

对于中国人口的预测，大多是依据20年不变的1.8总和生育率（TFR）进行的。如今，随着官方静悄悄地放弃了这个生育率的说法，也就是说，按照国家统计局公开发表的数据，计算得出的 TFR 多年已经低于 1.5，联合国在 2010 年发表的《世界生育率模式 2009》中，也相应地把中国 2006 年的总和生育率修正为 1.4，归入低生育国家的行列。多年处于低生育水平的结果，就是人口老龄化和劳动年龄人口增长减速。根据联合国的中位预测，中国 2000～2015 年间，在劳动年龄人口增量逐年减少及至停止增长的同时，65 岁及以上老年人口比重从 6.8% 提高到 9.6%，届时老年人口超过 1.3 亿。

作为生育率下降的代际变化效应，中国劳动年龄人口的增长率，在 20 世纪 80 年代中达到最高点，随后开始递减。相应的，每年新增劳动年龄人口数量逐渐减少。由于农村人口转变相对滞后于城市，其劳动年龄人口减速发生的相对晚一些，在就业持续扩大的过程中支撑着城市劳动力需求。在 2002～2022 年间，考虑到自然变化和机械变化的城乡劳动年龄人口变化趋势，城市为净增长，农村为净减少（由于净迁出）。城市劳动年龄人口的年度新增量为正数，农村劳动年龄人口增量为负数，城市增量主要为农村迁移人口满足。在此期间，作为劳动力供给基础的劳动年龄人口呈现明显的增长递减趋势。从 2015 年开始，农村转移出的数量开始少于城市的新增量，城乡总劳动年龄人口呈负增长。

有人寄希望于延长退休年龄，以扩大劳动力供给。例如，法国引起闹事的延长退休年龄，出发点据说不是为了少支付养老金，而主要是为了增加劳动力供给。其实，法定退休年龄并不重要，重要的是实际退休年龄。我们现在法定退休年龄男职

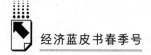

工是 60 岁，女职工是 55 岁。但是很多时候职工都是被迫提前退休，或者不得已退出劳动力市场的，我国就业压力最大的 2001 年，实际退休年龄，男女平均只有 51 岁。

与此同时，中国的经济增长仍在持续。而且，高速经济增长伴随着就业的迅速扩大（Cai，2010）。许多研究者得出就业增长未能与经济增长同步的结论，主要是由于被中国就业统计数据若干不完整和不一致之处所迷惑。首先，农村转移出的劳动力没有包括在城镇就业统计中。2010 年，离开本乡镇半年以上的农村劳动力存量达到 1.5 亿人，其中绝大多数进入城市就业。其次，20 世纪 90 年代后期以来，以新增劳动者和下岗再就业为主体的城镇非正规就业群体，在分部门和分地区的就业统计中得不到体现，以致任何非加总的分析都遗漏了这部分就业，而其规模在 2009 年仍高达 9000 余万人，占全部城镇居民就业的 28.9%。此外，在本乡镇非农产业就业的农村劳动力往往被就业研究者所忽视。这部分就业虽然没有显著的增长，但存量仍然不容忽视，其中稳定的非农就业者也接近 1 亿人。

下面，我们突破官方单一统计来源，尝试揭示城镇实际就业数量，以此作为非农产业劳动力需求的代理信息。我们不考虑农业就业和农村非农就业的情况，因为农业中劳动力使用的绝对数量是逐年减少的，而农村非农产业就业也没有明显增长。因此，我们主要考察包括进城农民工和城镇居民的就业增长。

根据推算，在 2009 年城镇 3.1 亿就业人员统计中，有大约 12.5% 是农民工，约为 3896 万人，远低于实际农民工数量。2009 年底全国离开本乡镇 6 个月及以上的农村劳动力为 1.45 亿，其中 95.6% 进入城镇。因此，我们需要把城镇就业统计中的农民工刨除，形成城镇居民就业的数据系列，然后，再通过国家统计局每年的报告，得出农民工进入城镇就业的总规模。我们观察这两个就业规模的每年存量，并将其与全国劳动年龄人口存量进行比较（见表 1）。从中可以看到，在考察的 2002～2009 年间，城镇就业总量增加速度快于全国劳动年龄人口，两者比率逐步提高。这个变化显示了背后的农村剩余劳动力和城镇失业和冗员的减少。如果将这些数据系列转化为每年增量，则可以得出结论，劳动力市场越来越不具有劳动力供大于求的特征。

表 1 劳动力供给和需求存量变化

单位：万人，%

年份	城镇农民工 (1)	城镇居民就业 (2)	劳动年龄人口 (3)	需求－供给比率 (1＋2)/(3)
2002	10009	24091	90024	37.9
2003	10889	24569	91329	38.8
2004	11303	25003	92798	39.1
2005	12025	25430	94235	39.7
2006	12631	25947	95089	40.6
2007	13094	26492	95871	41.3
2008	13423	26848	96625	41.7
2009	13894	27224	97290	42.3

资料来源：根据《中国统计年鉴》（历年）、《中国农村住户调查年鉴》（历年）、《中国人口统计年鉴》（历年）和胡英（2009）数据推算得到。

随着经济增长和社会发展，人口逐渐老龄化是一般性规律。但不一般的是中国在较低人均收入的发展水平上，进入了老龄化的人口转变阶段。例如，根据国际上常用的统计，2010年，中国65岁及以上人口比例为8.3%，世界平均为7.5%。而同年按照现价计算的中国人均GDP，仅为世界平均水平的47.7%。在2015年，韩国和泰国将与中国一道，经历人口抚养比降至最低点的转折（见图2），但是，目前韩国的人均GDP是中国的近4倍，泰国的收入水平也略高于中国。所以，讲中国人口问题的挑战时，与其一般地说人口老龄化，不如说"未富先老"更为准确。

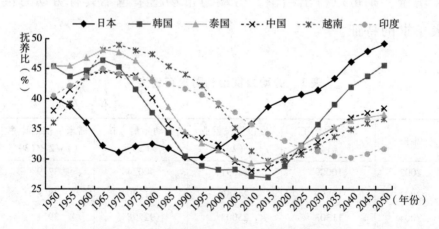

图2　若干国家人口抚养比变化与预测

资料来源：United Nations，2009。

从已经达到的人口转变阶段看，年龄结构的变化正在使中国逐步丧失劳动力充足且廉价的比较优势，随着劳动力短缺和劳动力成本上升，以往的劳动密集型制造业产品的竞争力必然下降。而从所处的经济发展阶段看，刚刚步入中等偏上收入阶段的中国，尚不全面具备在资本密集型和技术密集型产业中的比较优势和竞争力。因此，作为一个开放的经济体，中国不仅是一个典型的中等收入国家，而且面临着"中等收入陷阱"的危险。不过，许多先行者特别是东亚经济体的经验表明，如果选择了正确的战略，跨越"中等收入陷阱"是可以期待的。因此，中国不仅仍然有着技术上的后发优势，而且可以利用已有的经验和教训，应对"未富先老"，规避"中等收入陷阱"。

三　劳动力供求变化的含义

表1至少可以揭示以下几个信息：第一，农村剩余劳动力的确减少，农业中出现了劳动力短缺才会用资本替代劳动。第二，城镇真实失业率肯定是下降的。第三，通货膨胀在短期的压力、长期的压力都可能有所提高。第四，就业总量问题应该让位于就业结构问题。

最近我的同事估算了两种自然失业率（都阳、陆旸，2011），自然失业率是非常稳定的，没有周期性变化，近年来自然失业率基本上和城镇登记失业率是一致的。登记失业率和宏观经济周期无关，是多年不变的，正好与自然失业率性质是完全一样的。而根据研究，城镇调查失业率是在逐渐下降的，越来越趋近于自然失业率。如果真实失业率已经非常接近自然失业率，甚至有些年份真实失业率低于自然失业率，则按照菲利普斯曲线的原理，意味着通货膨胀压力增加，应该也是必然的。观察中国城镇失业率和价格水平之间的关系，两者之间的交替关系还是存在的。这样的话，意味着在现在失业减少、就业压力越来越小的状况下，物价水平应该在一定程度上是不可能太低的。

总的结论是，第一，目前看到的农业劳动生产力是加快提高的，因此，它使得我们在供给上不会有太大问题，因为在发展经济学里，讲刘易斯转折点的时候，同时还有一个名字，叫做食品短缺点（Ranis and Fei, 1961），这是在假设这个时候农业劳动生产率的提高，跟不上农业劳动力转移速度的情况下作出的假设。但是，中国的农业问题目前看不是因为供给造成的。

第二，制造业劳动生产率的增长趋势也是比较快的，实际上是快于工资上涨率的，至少在2007年之前是这样的。所以理论上不会有短缺意义上的通货膨胀，我们从核心CPI趋势上，也能证明这一点。但是长期看，工资在上涨，那么一定会相应增加消费需求，这个需求增加在很多情况下表现为消费的商品组合变化。例如，过去窝头咸菜是一种组合，现在牛奶面包则是一种新组合。在这个消费组合变化过程中，价格相应就涨上去了。因此，我们应该习惯于一个适度的物价上涨幅度。从过去这几年趋势看，五年当中自然失业率大概是4%～4.3%，在此期间CPI是3.3%，GDP缩减指数是5.8%（都阳、陆旸，2011），我们想这个趋势本来还是正常的，那么今后工资上涨还应该会高，没有什么要特别紧张的。

当前我国就业形势的复杂性在于，在普遍出现"民工荒"

现象的同时，大学毕业生的就业困难依然存在，城镇也持续地存在着失业现象。不过，这种看似矛盾的现象其实不难理解，因为每个就业群体所面临的就业困难，分别产生于不尽相同的原因。

以"民工荒"形式表现出来的劳动力短缺现象，是由于劳动力供给变化与劳动力需求之间的矛盾造成的。随着人口结构的变化，劳动年龄人口的增量逐年下降，根据预测，2015年劳动年龄人口将停止增长，随后转为负增长。与此同时，高速经济增长继续产生对劳动力的需求，与劳动力供给的减少相交织，便导致劳动力短缺。然而，结构性就业压力依然存在。农民工尚未成为城镇户籍居民，就业不稳定，社会保障不健全，面临着周期性失业的风险，仍然是劳动力市场上的脆弱人群。大学毕业生的就业困难，并非是市场供大于求造成的，而是由于个人的就业意愿和技能与劳动力市场机会及需求之间的不匹配。至于城镇居民失业和就业困难，既有就业技能匹配的问题，也有劳动力市场调节功能不充分的问题。这两个就业群体面对的劳动力市场风险，主要是结构性和摩擦性的自然失业。

以2011年为例，我们可以对今后一段时期内，城镇劳动力市场上需要关注的就业困难群体构成，作出一个大体的数量估计：①剔除在农村内部流动的部分之后，农民工进入城镇就业的人数大约为1.46亿；②新毕业大学生约660万，加上往年毕业尚未就业的150万，总共超过800万；③按照近年来较高的登记失业率4.3%估算，城镇失业和可能失业的人数大约为 1600 万；④假设 8000 余万灵活就业人员中有一半就业比较稳定，另外 4000 万则属于就业困难人员。上述各个人群之间可能有交叉，但总体而言可以反映就业困难群体的数量和构成，即全部城镇就业人口中接近一半，会经常面临显而易见的就业困难。

四　就业关注点的转变

可见，理解当前和今后一个时期的就业问题，需要确立两个认识。其一，就业问题并不会因为出现劳动力短缺现象而缓解，应继续被置于经济社会政策的优先位置，作为政府工作的重点。其二，长期困扰并作为政策重点的就业总量问题，逐步转化为就业的结构性问题，政府需要顺应这种变化，及时转变积极就业政策的关注点和实施手段，面对各个就业人群，制定更加具有针对性的就业促进战略和扶助政策。根据就业形势的新特点，实施更加积极的就业政策，应从以下方面考虑政策优先序和关注点。

首先，产业结构调整、升级中要保持经济增长对就业的吸纳能力。实施就业优先战略应具体体现在产业政策中，因此，继续扩大就业应为产业优化和升级过程的题中应有之义。随着普通劳动者短缺现象出现，工资成本大幅度提高，东部沿海地区将向更加资本密集型和技术密集型产业升级，在加大对熟练劳动者需求的同时，不可避免地要减少一部分传统就业岗位。与此同时，劳动力素质的整体提高却需要假以时日，因此，为现有劳动者创造与其人力资本相适应的就业岗位，以保持就业稳定扩大，仍然是产业结构变化的优先原则。

东部地区的产业优化和升级，需要与中西部地区对劳动密集型产业的承接紧密结合，防止出现比较优势真空，造成就业岗位损失。我国地域辽阔，地区之间资源禀赋差异和发展差距都较大，为产业转移提供了较大的空间，也有利于保持经济增长对就业吸纳规模的相对稳定，防止未来出现"无就业增长"的现象。与此同时，在制造业升级的基础上，推动生产性服务业分离出来，成为新兴服务业态，为大学毕业生创造适合的就业岗位。在劳动力供求关系发生一定变化的情况下，绝不意味着产业结构和产业组织不再以就业吸纳能力为基准。相反，应从放松准入限制、创造平等的金融服务、提供税收优惠等方面加大支持力度，促进中小企业、微型企业和非公有经济发展，发挥其扩大就业的功能。

中国就业的弹性，即经济增长对就业的吸纳效果，并不像许多人想象的那么糟。从这方面看，我们和其他国家相比，就业弹性不是很低，但是低在第三产业上（见图3）。因此，未来中国就业扩大的一个重要潜力，可能来自第三产业。特别是随着劳动力短缺和工资的提高，在沿海地区制造业升级的基础上，推动生产性服务业分离出来，形成新兴服务业态，为大学毕业生创造适合的就业岗位，是就业格局新形势下促进就业的重要领域。

其次，抓住重点人群，提供更完善的公共就业服务，更有针对性地实施积极就业政策。从20世纪90年代后期开始逐步

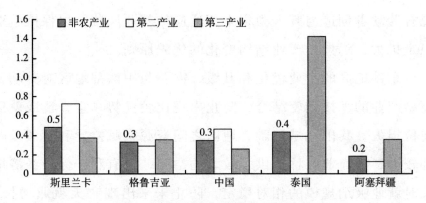

图3　分产业就业弹性的国际比较

资料来源：世界银行数据。

形成的政府积极就业政策，当时的重点是创造城镇就业岗位，帮助下岗失业职工实现再就业。随着劳动力供求关系的新变化，更加积极的就业政策应逐渐转变重心，面向不同就业群体，为其提供更广泛的就业扶助。

针对农民工易受宏观经济周期影响以及社会保障覆盖率低的特点，重点通过提高宏观经济政策对就业形势的敏感性、推进户籍制度改革、提高基本公共服务均等化程度等，提高农民工就业的稳定性和社会保障的充分性。由于大学毕业生的就业困难，主要在于其知识和技能与劳动力市场需求的不匹配，使其经常面对结构性失业威胁。因此，解决大学生就业困难，应该从高等教育体制、实习制度、就业培训和中介服务等方面入手，提高人力资本与劳动力市场的匹配效率。城镇就业困难人员受到年龄偏大、教育程度偏低、技能老化以及寻职能力弱等制约，常常遭遇结构性和摩擦性失业以及与此相关的就业困难，需要通过完善劳动力市场的配置效率和提高政府就业服务水平，降低他们的就业难度。

最后，长期来看，中国的人口政策需要与时俱进地进行调整。生育率应当稳定在一个适度的水平，过高或过低都不利于经济社会发展与人口资源环境相协调。国家人口发展战略研究表明，全国总和生育率应长期稳定，使总人口在达到峰值后，尽可能缓慢地下降。为此，生育政策既要保持连续性和稳定性，又要与时俱进，遵循总体稳定、分类指导、循序渐进、平稳过渡的原则逐步加以完善。

人口转变归根结底是经济社会发展所推动的，人口老龄化的趋势终究难以逆转。例如，韩国、新加坡、泰国和中国台湾都没有实行过强制性的计划生育政策，但是，这些国家和地区与中国大陆一样，生育率从 20 世纪 50 年代大致相同的高起点上，到 90 年代以后都下降到低于更替水平以下。而印度由于经济和社会发展绩效较差，人口转变过程相对滞后，但也经历了类似的变化轨迹（林毅夫，2006）。但是，在坚持计划生育基本国策前提下，进行生育政策调整确实有三个充足的理由。

第一，通过政策调整促进未来人口平衡的空间仍然存在。调查显示，从目前中国家庭的生育意愿看，平均每对夫妻期望的孩子数大约是 1.7 个。具体来说，在 1997 年、2001 年和 2006 年进行的生育意愿调查，分别显示的期望孩子数为 1.74、1.70 和 1.73 个。而政策生育率，即生育政策允许的孩子数平均为 1.5 个，实际总和生育率为 1.4。可见，在政策生育水平和生育意愿之间仍然存在一定差异。这使得我们可以在政策调整不致引起过于剧烈的波动、总体上保持低生育水平的前提

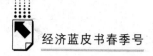

下，促进人口长期均衡。

第二，按照政策预期，独生子女政策已经成功地完成了历史使命。1980 年，中共中央在正式宣布这个政策时表示：到 30 年以后，目前特别紧张的人口增长问题就可以缓和，也就可以采取不同的人口政策了。如今，当年设定的这个"采取不同的人口政策"的条件，比当初所能预计的要成熟得多，因此，政策调整具有充分的合理性和政策依据。

第三，各地政策调整的实践提供了改革的路径和线路图。"十二五"规划纲要指出：坚持计划生育基本国策，逐步完善政策。目前，绝大多数省份已经允许夫妻双方都是独生子女的家庭生育二胎（俗称"双独"政策）。这种政策松动并未产生显著的生育率变化异常的情况。按照这一路径，一旦政策演进到夫妻有一方是独生子女就可以生育二胎时（即"单独"政策），政策调整的覆盖面就大到较大人群，或许会对人口均衡性产生一定的长期效果。

五　结语

从加快转变经济发展方式的要求出发，我国积极就业政策的关注重心需要进行一些相应的转移。第一，保障就业稳定特别是重点人群就业的保障性，是创造庞大内需的关键。农民工在城市落户，实现稳定就业和社会保障项目的应保尽保，是未来保持劳动力稳定供给和创造内需的重要力量。因此，积极就业政策的关注重心要向新移民劳动者转变。第二，劳动密集型产业向中西部的转移，将会把很大一部分农民工留在当地，还会动员出更多年龄偏大的剩余劳动力。随着未来中西部地区逐步成为更加重要的就业地，积极就业政策相应地要实现区域重心的转移。第三，随着制造业的产业升级，生产性服务业将得到较快发展，创造更多的就业机会，特别是针对大学毕业生的就业机会将明显增加。与此相适应，积极就业政策的产业重心需要从制造业转向服务业。

参考文献

都阳、陆旸（2011）：《失业率的构成及其意义》，《中国人口与劳动问题报告 No.12》，社会科学文献出版社，即将出版。

胡英（2009）：《分城乡劳动年龄人口预测》，未发表的背景报告。

林毅夫（2006）：《发展战略、人口与人口政策》，《21世纪中国人口与经济发展》，社会科学文献出版社。

蔡昉（2011）：《温故而知新：关于结构调整的国际经验》，《比较》第51辑。

蔡昉、王美艳、曲玥（2009）：《中国工业重新配置与劳动力流动趋势》，《中国工业经济》第8期。

Cai, Fang and Meiyan Wang (2010), Growth and Structural Changes in Employment in Transition China, Journal of Comparative Economics, vol. 38, pp. 71–81.

Cai, Fang and Dewen Wang (2005), China's Demographic Transition: Implications for Growth, in Garnaut and Song (eds) *The China Boom and Its Discontents*, Canberra: Asia Pacific Press.

Hayashi, Fumio and Edward C. Prescott (2002), The 1990s in Japan: A

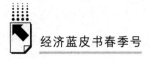
Lost Decade, *Review of Economic Dynamics*, Vol. 5, No. 1, pp. 206 – 235.

Kuijs, Louis (2009), China Through 2020 – A Macroeconomic Scenario, *World Bank China Office Research Working Paper*, No. 9.

Ranis, Gustav and Fei, John C. H. (1961), A Theory of Economic Development, *The American Economic Review*, Vol. 51, No. 4, pp. 533 – 565.

Sinn, Hans-Werner and Frank Westermann (2001), Two Mezzogiornos, *NBER Working Paper*, No. 8125.

United Nations (2009), *The World Population Prospects: The 2008 Revision*, http://esa. un. org/unpp/.

Whalley, John and Xiliang Zhao (2010), The Contribution of Human Capital to China's Economic Growth, *NBER Working Paper*, No. 16592.

B.10
低碳经济转型与低碳城市建设

潘家华　庄贵阳*

摘　要：中国的低碳转型不仅仅是应对气候变化上的战略考虑，更是可持续发展的需要。城市是应对气候变化和发展低碳经济的主体，向低碳城市转型已经成为世界城市发展的大趋势。目前中国的低碳城市实践探索具有自发性、零散性和尝试性，尚未形成系统的低碳经济发展框架。通过低碳省市试点积累经验，做好城市碳排放的统计、监测和考核体系，对中国低碳城市建设意义重大。

关键词：低碳经济　低碳城市　转型　实践探索

在气候变化背景下，全球向低碳经济转型不仅仅是一个选择和一种趋势，而是如何迅速并且在什么规模上促进向低碳经济转型的问题。向低碳经济转型，需要整合和协调不同政策部门的工作，制定全方位的政策，从调整能源结构、提高能源效率、改善城市规划等方面入手，减少温室气体排放。个中关

---

* 潘家华、庄贵阳，中国社会科学院城市发展与环境研究所研究员。

键，便是地方政府的政治意志。城市是气候变化问题的一部分，也是解决问题的关键所在。低碳经济转型中城市负有重要的责任。实践证明，通过有意识的城市规划和管理，有助于降低气候变化不利影响的风险，促进城市向低碳经济转型。

一　中国低碳经济转型的必要性

经济转型是指针对某一个或几个特征经济形态发生本质变化的过程。例如从农业经济转向工业经济，继而转向后工业经济，主要指的是以经济结构变化为特征的转变进程，农业经济是农业在经济结构中占主导地位，工业经济则是工业占据主导地位，而后工业经济或社会则是以服务业为主导的经济形态。顾名思义，低碳经济转型指经济演化过程中碳排放的转变，从单位生产总值需要较高的碳排放转向较低数额的碳排放。同任何转型过程一样，低碳转型也是一个过程，需要通过各种手段促进这一进程。但是，低碳经济转型又有着自身的一些特征，需要加以认识，从而有助于加速转型进程。

我国经济的低碳转型不是转不转的问题，而是如何加速的问题。从 2009 年的哥本哈根会议到 2010 年的坎昆会议，再到 2011 年的南非德班会议，联合国关于全球温室气体减排的国际谈判，由于存在全球共识似乎是不达目的不罢休。目前，世界经济和地缘政治格局在改变，全球温室气体排放格局也在改变，中国正日益变得树大招风：自 2007 年起，中国成为二氧化碳世界第一排放大国，而且每年以 6% ~ 9% 速度高速增长，全球第一的地位日益凸显。中国人均排放也在 2007 年超过世界平均水平，中国许多城市的人均排放，例如上海已接近人均 10 吨，超过法国、瑞典等许多发达国家的人均水平，与欧盟、日本的人均水平接近。进入本世纪以来，中国新增的温室气体排放，要占全球新增量的 40% 左右。中国的巨额外汇储备，巨量的外贸顺差，航天、高铁等世界先进技术，使得世界对中国的减排预期不断加大。

　　中国已向国际社会宣布，到 2020 年单位 GDP 二氧化碳排放量比 2005 年水平降低 40%～45%，非化石能源占一次能源消费总量的 15%，森林面积增加 4000 万公顷，林木蓄积量增加 13 亿立方米。这些目标刚性约束强，实现难度大。碳强度目标只针对化石能源燃烧的二氧化碳，没有包括其他温室气体。从"十一五" 20% 节能目标的实现情况看，尽管决心大、力度强、手段硬，一些地方甚至对居民和医院实现拉闸限电，也只完成 19.06%，可见难度之大。今后难度会不断增大。但是，中国向低碳经济转型的决心是非常明确的。中国制定的"十二五"规划，已经包含温室气体减排目标，并分解到各省和主要行业部门，作为约束性指标加以落实。中国做事言必信、行必果。目前"低碳城市、低碳社区、低碳企业、低碳消费"已成为全社会的行动，中国低碳转型的声势，比发达国家还要浩大。中国风能、太阳能的增长速度远高于多数发达国家。

　　当然，作为发展中国家，我国经济水平相对较低，发展仍然是第一要务。但在目前的发展阶段，能源结构以煤为主，经济结构性矛盾仍然突出，增长方式依然粗放，能源资源利用效率较低，能源需求还将继续增长，控制温室气体排放面临巨大压力和特殊困难。因此，相对世界其他国家，中国对低碳经济革命有更为迫切的要求，中国在宏观和微观两个层面上仍有不少问题亟待解决。中国要自觉地统筹国际、国内两个大局，扎扎实实地走出一条既符合中国国情，又适应全球挑战的可持续发展道路。

从战略上看，我国发展低碳经济，不仅仅是为了应对全球气候变化、控制温室气体排放，同时也是可持续发展的需要、能源安全的需要、环境和生态保护的需要。我国化石能源的资源禀赋特征是缺油少气富煤炭。目前我国石油进口量已经超过石油消费总量的一半，而我国汽车拥有率约为每千人 50 辆，不足美国的 1/15，欧盟、日本的 1/10。我国石油探明储量只够满足 11.3 年的需要，离全球石油储采速率 42 年有很大的差距。[①] 我国天然气的储采比石油高了 3 倍，但也只有 32.3 年，只有全球 60.4 年的一半多点。我国煤炭储藏量相对丰富，但储采比按目前速率只有 41 年，只有全球储采比 122 年的 1/3。当然，储采比是一个动态的数字，探明量会有所增加，但地球资源的有限特性，表明探明储量不会无限增加。我国 13 亿人口，庞大的经济规模，巨大的能源需求，不可能完全依赖世界市场。况且煤炭开采，破坏了地下水系，引发地质灾害，事故频发，生命代价巨大。煤炭燃烧排放的二氧化硫、氮氧化物、重金属汞、粉尘和固体废弃物，亦带来巨大环境代价。能源安

---

① BP, 2010, *Energy Stafistics*. Brifish Pefroleum, London.

全、环境保护和可持续发展，客观上要求我们迅速而大规模转型，即使没有气候变化，低碳、零碳发展也势在必行，迫在眉睫。

而就商机来讲，消费者也有低碳这种需求。低碳能源、低碳产品有着巨大的市场空间，这不仅是企业的社会责任，而且对企业来说，也是增强竞争力的一个方面。低碳经济是世界经济发展的大势所趋，今后的竞争是碳生产力的竞争。把长远战略、现实竞争力、环境成本等因素综合考虑，发展低碳经济就不是高成本。着眼于未来，企业不低碳，将来就没有竞争力，就只能被淘汰。

首先低碳经济对企业来讲是提高其竞争力的要求。现在很多国家的产品都有碳标识，比如 2015 年后，欧盟规定汽车排放的碳标准是每公里不能超过 95 克，如果超过这个标准，产品就不能进入市场，要被淘汰。其次对企业来讲是一个发展的机遇。因为可再生资源的技术和产品是一个很大的市场。企业自身要确实做好功课，提高能源使用率。在这一过程中，成本问题是不能回避的。房地产业将来可能是中国低碳发展最为关键的一环。但是一些房地产企业在炒概念，标榜低碳、零碳，但却没有制订一个行业标准。

当下中国企业界更现实的做法是提高碳生产力，关键是提高能源使用效率，提高单位碳排放的产出。当前乃至于在相当长一段时期内，我国高碳化石能源在能源消费总量中的垄断地位不可能改变，化石能源稳定、成本低，符合中国当下工业化、城市化发展需要，而且也能为高成本的无碳能源的发展提供资金。

低碳转型，必须与中国发展阶段和水平相适应。中国在15年间（2006～2020年），尤其是在工业化、城市化的快速发展时期，要实现单位国内生产总值二氧化碳排放降低幅度为40%～45%，目标高，难度大，历史上没有任何一个国家做到。[1] 中国改革开放30年，经济以年均10%的速度增长。目前的工业化已处于中后期，2010年钢铁产量达6.3亿吨，水泥18.8亿吨[2]，均占全球产量的50%左右，产能已趋近饱和甚至过剩。中国经济增长速度也将趋缓，难以达到年增10%的水平。例如德国，作为一个成熟经济体，经济增长多稳定在2%左右，因为德国经济外延扩张空间有限，生活品质提高的幅度也有限，不可能像发展中经济体或大规模工业化阶段那样持续高速增长。不仅如此，中国经济增长已经出现从规模扩张到品质提升的转型，制造业比重将不断下降，服务业比重会持续上升。因而同样的经济增长速度对能源需求的增长必将大幅下降。因此，随着中国的经济发展，温室气体排放会有所增加，但不可能以10%的速度增加。作为一个负责任的发展中大国，中国必然会努力与国际社会一起应对气候变化的挑战。

因此，不论是国际层面，还是国内层面，碳的刚性约束已

---

① 中国在1990～2005年期间，二氧化碳排放强度下降了49%。同期其他经济体的强度下降幅度多在30%以内。资料来源：IEA，CO2 Emissions from Fossil Fuel Combustion，2007 edition. Paris：OECD。

② 国家统计局，2010年国民经济和社会发展统计公报，2011年2月28日，北京。

经迫在眉睫。尽管这个约束的细化和接受的政治进程可能比较困难，但是这个方向是不会改变的。所以在这种背景下，企业、消费者、个人如果能先行一步，我们就在引领低碳，引领我们自己的未来。

二　中国低碳经济转型面临的挑战

我国已经作出巨大努力加速低碳转型，并取得显著成效，但转型仍需一个长期过程。我们必须正视转型过程中的各种挑战，抓住机遇，推进转型进程。

低碳转型面临的挑战主要表现在以下几个方面：一是我国处于工业化经济阶段，经济结构以制造业为主，并且有三高（高能耗、高污染、高排放）的产业结构特征。长期以来，我们一直在寻求新型工业化道路，一直在努力调结构，但效果不仅不明显，产业结构反而呈现重化工趋势。这是因为，工业化进程有其自身的规律，要想进入发达的后工业社会，必须要经过高投入、高能耗、高排放的重化工业阶段。实际上，基础设施、房屋建筑以及汽车等耐用消费品均具有存量属性，需要一段时间的积累，一旦积累到位，重化工业和原材料工业在经济结构中的比例就会下降。显然，我国尚处于积累过程中，难以立即大幅降低高耗能工业。

二是城市化进程。改革开放以来，我国城市化处于快速推动进程，短短 30 年时间，城市化率从不足 20% 提高到 47.5%，每年增速接近一个百分点。但仍低于世界平均城市化水平3个百分点。即使这样，我国的城市化水平按人口统计，存在虚高的部分，居住在城市的近2亿农民工及家属，多没有实现社会意义上的城市化，在文化教育、医疗保障和居住条件方面均没有享受城市普通居民的待遇，从而形成每年春节客运的人口大迁移，且大量的农村留守儿童、拖欠农民工工资等现象依然存在。"十二五"规划所明确的城镇化速度为每年0.8个百分点，2015年达到51.5%的水平。如果"十三五"以后每年城市化进一步提速，增加到一个百分点，到2030年，城市化水平也只有66.5%。如果达到发达国家80%以上的水平，中国高速城市化进程可能要到2050年前后。这一时间长、规模大而且难度大的城市化进程，在五个方面需增加商品能源消费，从而增加减碳难度。①大量的城市基础设施、房屋建筑需要存量的大规模增加，每年1400万人口的城市化，相当于新增14座百万规模人口的城市。②新增城市人口的非农就业，显然需要商品能源的供给。③居民生活用能，农村居民多使用传统的非商品能源，进入城市，居民不具备使用传统非商品能源的条件，而且也不愿意使用非商品能源。④生活水平的提高。每个城市居民的收入要高于农村居民，消费水平高于农村居民，因而商品能源需要也增加。⑤交通出行所需能源，在农村，农民每天劳作几乎不需要使用商品能源的交通工具。进入城市后每天上下班，即使使用公共交通，也需要额外增加能源消费和碳排放。

三是资源禀赋的制约。长期以来，中国能源结构以煤为主，煤炭占能源消费总量的2/3左右，许多年份更是在70%

以上。从世界平均水平看，煤炭所占比例不到40%，欧美等发达国家煤炭的比例多在1/3乃至1/4以下。煤炭生产运输贮存相对于石油天然气要耗费更多的能源，但更重要的是煤炭消费的常规污染物排放量大，碳排放量高。同等热值的不同化石燃料排放的二氧化碳，煤炭要比石油高出1/4以上，比天然气高出40%以上。不仅如此，煤炭燃烧除尘脱硫脱硝，均需消耗化石能源来进行。2007年，美国能源消费要比中国高出近30%，而中国的化石能源燃烧排放的二氧化碳却比美国高出近10%，原因就在于资源禀赋差异。由于资源禀赋所限，我国采用相对低碳的石油天然气替代煤炭的可能性几乎不存在，而且还面临需要将固体煤炭转换为液态以保障交通用油安全的压力。我国水电开发利用程度目前尚低，但要大幅提高水电在能源消费中的比例，幅度十分有限。由于能源消费总量的大幅增加，即使水电在一次能源消费中的比例保持不变，也需要每年新增装机1500万千瓦。核电投资量巨大，装机增幅每年500万千瓦，在一次能源消费中的比例也难以明显提高。风能和太阳能具有低能源密度间歇性特征、电能难以贮存和成本高昂等特点，使得这些可再生能源在当前大规模替代煤炭的可能性并不存在。到2020年，即使非化石能源占一次能源消费总量达到15%，石油天然气达到25%，煤炭所占份额仍高达60%。能源结构的低碳化，也是一个漫长而艰巨的过程。

四是挑战源自于文化和消费理念。中国传统文化中有许多优秀的成分，但也有许多与节能减碳相悖。自上而下的集权思想必然导致资源的高度垄断和集中，从而浪费社会资源，形成低效率的运作体系。例如，优质的文化、教育、卫生资源多集中于大城市，而且在人口密集的城区，这就必然导致远距离奔波，交通拥堵。建立在自上而下思路上的管理体系，也多只对上而不对下，与实际社会需求形成较大差距。北京西客站，日客流量可多达 30 万人，但却没有地下轨道交通的衔接。这显然不是一个技术或投资问题，而在于管理的条块分割。各大利益集团冲突所产生的成本，只能由乘客、社会来负担，所造成的能源浪费与排放，无人承担责任。中国文化中的等级观念和炫耀消费，造成的能源浪费和排放，实际上是没有必要的，需要加以遏制的；但作为既得利益者的决策者，却在政策引导上强化这一文化氛围。我国收入差距的不断扩大，房产税征收的实际操作滞后，在很大程度上并非不可调节，而是文化观念使然，不愿为也。注重形式或外表，忽略实质内容和质量，也是一种文化现象。当前我国城市公共建筑设计，外观多有玻璃幕墙，外观光鲜，但并不节能，寿命有限，浪费严重。建筑忽略质量，片面追求进度，也是一种好大喜功，做表面文章的文化观念使然，造成质量低劣，从而产生大量无谓的能源消费与碳排放。我国经济虽有了长足发展，但文化习俗和传统观念的改变，似乎还需要更长的时间。这就给低碳文化理念的形成与实践带来极大的阻力。

五是我国制度基础的不尽完善，主要表现是有法不依，有标准不执行，法律法规的可操作性不强，权威性不够；统计、报告、监测体系不完备；习惯管制手段，忽略市场影响，政策制定具有随意性和不连续性等。例如可再生能源法，原则性强，实施细则缺乏，没有规定明确的统计、报告、测评标准。"十二五"的节能指标，尽管是强制性的，但也需要根据经济发展的实际加以评估和调整。2010 年一些地方为完成节能指标，简单地拉闸限电，于社会、经济、环境均不利。国家发改委和财政部出台的关于对纯电动汽车每辆补贴 6 万元的政策，于法理上不通，因为不能拿普通纳税人的钱来直接补贴消费；于环境无益，因为生产的纯电动汽车不具市场竞争性和可行性，没有充电设施，电池容量有限，消费者即使购买，也不会使用，经济上代价太大，巨额补贴的电动汽车，如果不投入使用，实际上是巨大浪费。

三 低碳经济转型与城市的责任

中国的低碳转型，势在必行。节能减碳，需要从可持续战略高度，全面打造和提升碳竞争力。城市（或地方政府）一直被认为是参与全球可持续发展的重要主体之一。世界环境与发展委员会（WCED）1987 年发布的《布伦特兰报告》特别指出，由于人口、生产、消费和污染集中在城市，城市在促进可持续发展进程中处于核心地位。1992 年联合国环境与发展大会（UNCED）再次强调指出，国际社会都已认识到，城市应该是追求可持续性发展的重要领域之一。

城市是应对气候变化和发展低碳经济的主体，向低碳城市转型已经成为世界城市发展的大趋势。国际能源署（IEA）2008 年数据表明，城市地区占全球能源燃烧排放温室气体的

67%，预计到2030年该比例将达到74%，其中89%的增量都将来自发展中国家。发展中国家的城市化进程对于温室气体排放的贡献不可忽视。据联合国估计，到2050年，世界城市化率将从2010年的50%增长到70%，城市人口从2010年的35亿增加到64亿。而且除了城市与城市化以外，城市生活方式本身，就是导致能源消费和排放的重要根源。因此，城市在适应和减缓气候变化方面的行动至关重要。

国外有学者总结学界观点认为，城市在应对气候变化这一全球环境问题方面，具有以下四个方面的优势[①]。首先，随着人口的城市化，城市是能源消费和产生污染的集中地，城市或地方政府对于能源供应及管理、交通、土地利用规划、建筑管理以及污染管理方面的作用非常重要。其次，地方政府已经通过地方21世纪议程处理可持续发展问题，对于减缓气候变化也有非常大的意义。再次，地方政府可以通过和利益相关方建立伙伴关系，鼓励公共参与，并游说国家层面的政策，推动应对气候变化。最后，一些地方政府在能源管理、交通和规划方面的环境影响问题上具有可观的经验。此外，不少地方政府已经实施了创新性的战略或措施以减少对气候变化的影响，因此可以作为示范项目，作为新实验的基础。通过这些实践，地方

① Michele M. Betsill and Harriet Bulkeley. 2005. "Cities Protecting the Climate: The Local Dimension of Global Environmental Governance," in Walter Sinnott - Armstrong and Richard B. Howarth (Eds.). *Perspectives on Climate Change: Science, Economics, Politics, Ethics*, Advances in the Economics of Environmental Resources, Volume 5, Elsevier, 2005. pp. 192 - 193.

政府可以为国家层面的气候政策制定发挥实验室的功能。

气候变化是全球环境问题，需要全球共同行动。应对气候变化全球合作的主体一直是民族国家。但是，国家间的谈判往往受各种因素制约，以至于国际协议谈判举步维艰。特别是在哥本哈根大会之后，对国际谈判以及国家层面的政策失望推动了"自下而上"治理的思想，强调或侧重更加务实的区域性行动；或者是通过地方层面的国际合作，构成一个某种程度上替代政府间谈判方案的全球治理进程。比如在美国，2008年美国市长会议（US Conference of Mayors 2008）上，共有1017个城市签署承诺，表示将实现或者超过《京都议定书》的减排承诺。这些承诺的实质性减排效果可能不大，而且也可能完全没有约束力。但是，这也反映出相当一部分人应对气候变化问题的另一种思路。像《墨西哥城市协议（Mexico City Pact）》以及大城市联盟 C40 等都认为，城市可以通过跨国合作的方式走出一条"气候睿智性"（climate-smart）道路。

城市作为国家的基本行政单元，对上需要对国家负责，对下需要对企业、市民负责，因此对于对气候变化这样全球性问题，城市责任十分明确。然而，不合理的城市化和城市发展模式增加了发展中国家和城市应对气候变化的脆弱性，城市环境基础设施和防灾能力跟不上城市经济发展的步伐。城市在全球温室气体排放中的地位和作用决定了城市在应对气候变化中存在巨大的责任，决定了应对气候变化要取得令人满意的进展就必须把城市有效整合进来，就必须让应对气候变化的资金、技术、政策以及社会意识等诸方面在城市层次上得到全面有效的贯彻。实践证明，通过有意识的城市规划和管理，有助于降低气候变化不利影响的风险，促进城市向低碳经济转型。一座城市能否在未来几十年中走到发展的前列，开放、宜居、宜业并具有竞争力，很大程度上取决于其在低碳经济时代来临时的应对调整能力。

城市作为生产力的空间载体，聚集了相应地域范围的资本、劳动力和科学技术，是一定地域内经济聚集实体和纵横交错经济网络的枢纽、经济增长引擎、世界创新中心和各国贸易重镇。从 2008 年我国所有省会城市和计划单列市的三次产业结构看，目前在多数城市中，第二产业所占的比例仍然较高，主要大中型城市的第一产业比例较低，一般都在 10% 以下，只有个别的城市如南宁、哈尔滨、重庆、石家庄、福州等的第一产业所占比例高于 10%。第二产业和第三产业的比例总体看较为接近，但第二产业比重超过第三产业比重的城市居多（约占总数的 2/3）。工业是一个城市经济的重要组成部分，也是实现低碳城市的关键行业之一。通过在工业内部推进节能和能效的提高，加大可再生能源的使用，发展循环经济产业、绿色生态产业、环保产业等，可以在很大程度上促进城市碳排放量的减少。第一产业以及服务业的低碳发展对于城市低碳转型、制定低碳行动方案也是非常重要的内容，第一产业对于欠发达地区、第三产业对于发达地区的意义更大。

随着我国城市化水平的不断提高，我国建筑能耗总量呈持续增长态势，并且增长速度有越来越快的趋势。根据住房和城乡建设部的统计，目前全国建筑能耗占到我国终端能耗的

28%左右。按照发达国家的经验，这一比例将会逐步提高到30%~40%。如果将建材的生产和建筑的施工耗能等计算在内，目前建筑业耗能所占比例会达到40%以上。有关研究和实践表明，建筑节能是各种节能途径中潜力最大、最直接有效的方式，依靠建筑业的节能减排，支撑城市化的发展势在必行。各地都在住房和城乡建设部的指导和统一部署下，在法规、政策、技术标准、市场机制等方面开展了积极的探索并取得了丰富的成效。实现建筑的低碳，主要可通过逐步提高建筑节能标准并确保新建建筑符合标准要求、对既有建筑进行节能改造和加强建筑的节能运行管理、推广新能源在建筑中应用以及发展绿色建筑等途径实现。

我国交通能耗占社会总能耗的比例超过20%[①]，且以油气为主，占全国石油消耗量的40%左右，大约95%的汽油、60%的柴油和80%的煤油被各类交通工具所消耗[②]。我国城市呈现土地高密度利用、人口高密度集中的特征。高密度的城市空间布局，有利于城市土地的集约利用，减少居民出行距离，适宜非机动出行方式的推广。但是，我国私人小汽车保有量和小汽车出行比例近年来不断提高，自行车出行率正以年均2%~5%的比例下降[③]。人们出行之所以越来越倾向于选择小

---

① 李秉仁：《开展中国城市无车日活动，促进城市交通可持续发展》，住房和城乡建设部2009年中国城市无车日活动新闻发布会，2009年9月2日。

② 李连成、吴文化：《我国交通运输业能源利用效率及发展趋势》，《综合运输》2008年第3期。

③ 李秉仁：《开展中国城市无车日活动，促进城市交通可持续发展》，住房和城乡建设部2009年中国城市无车日活动新闻发布会，2009年9月2日。

汽车作为工具，很大程度上是由于城市规划和交通建设往往是从方便小汽车使用的角度出发的。我国城市交通建设的长期滞后、过低的城市道路建设水平和高等级城市道路的缺乏，使人们确信必须进行大规模和高强度的城市道路建设，却忽视了道路公共交通系统与土地利用规划的配套；同时，土地批租成为城市政府财政的一大来源，加之过高的人口预测，许多城市以所谓拉开城市框架的模式发展，使居民出行距离增长过快。在更微观的层面，城市规划设计重视机动车静态交通设施的配套，却忽视慢行交通系统的建设，道路空间分配不平衡，步行和自行车使用的道路空间受到严重挤压，交通安全得不到保障；一些规划未对土地利用的混合加以重视。

四　中国低碳城市建设的重要意义

中国正在快速推进城镇化。2010 年底，中国人口城镇化水平已经达到 47.5%。预计到 2050 年，中国人口城镇化水平将达 70% ~ 75%。但与快速城镇化相伴的，是资源和能源供给不足、二氧化碳排放增长、水危机、空气污染等一系列问题。城市是为人而建，目的是让生活更美好。中国的城市需要发展，必须为治愈"城市病"寻找"药方"。低碳城市建设有助于协同解决交通拥堵与低效率的问题，解决垃圾围城的问题，解决大气污染的问题。

1. 解决交通拥堵与低效问题

城市交通建设是一项系统工程，既要研究交通需求和供应的平衡，还要考虑土地和财力的可能，是一项决策性很强的工作。当前出现的城市交通问题的一个重要原因是，缺乏科学的整体交通战略和规划，治理工作往往顾此失彼，前后失调，投入不小，而收益不大。中科院《2010 中国新型城市化报告》①对内地 50 座城市上班花费时间进行了排名，北京以 52 分钟居首，其次为广州 48 分钟、上海 47 分钟、深圳 46 分钟。中国内地上班族上班平均需要时间为 42 分钟，领先全球。印度仅次于中国，为 39 分钟，而美国和加拿大分别只需要 23 分钟和 22 分钟。严重的交通拥堵浪费了时间、浪费了资源、加重了尾气排放、降低了效率、影响了市区空气质量和人们的好心情，其危害和副作用是非常严重、显而易见的。交通拥堵已成为各界群众关注的热点、难点问题，已经到了如鲠在喉、非解决不可的程度。

2. 解决垃圾围城问题

现在全国 656 座城市有 2/3 的城市处于垃圾的"包围之中"，全国城市垃圾堆存累计侵占土地 5 亿平方米，相当于 75 万亩，中国城市固体生活垃圾总量已位于世界高产国前列，增长率居世界首位。2009 年全国城市生活垃圾清运量为 15733.7 万吨，无害化处理率为 71.4%，黑龙江等省份城市生活垃圾无害化处理率不足 30%，源头减量化成为解决城市垃圾问题的核心，城市垃圾资源化回收利用和能源转化是垃圾处理的主要方向。潘玲阳等对北京市垃圾处理与节能减排之间关系的研

---

① 牛文元主编《2010 中国新型城市化报告》，科学出版社，2010。

究结果表明，目前用卫生填埋、堆肥和焚烧三种方法每处理 1 吨垃圾的单位排放量分别为 2.1 吨、0.4 吨和 2.0 吨 CO_2 当量。虽然堆肥具有相对低的单位排放量，但由于市场等方面的原因，堆肥在北京生活垃圾处理中的比重不到 7%。垃圾填埋处理产生的甲烷若有 50% 被回收利用，具有很大的节能减排潜力。焚烧垃圾进行供热或发电也是节能减排的有效途径。而加强垃圾回收与分类是从源头减少垃圾，实现节能减排的最好方法。[①]

3. 解决大气污染问题

以煤为主的能源结构导致大气污染物排放总量居高不下，城市大气环境形势依然严峻，2008 年，全国 23.2% 的城市空气质量未达到国家二级标准，113 个重点城市中，有 48 个城市空气质量达不到二级标准，城市空气中的可吸入颗粒物、二氧化硫浓度依然维持在较高水平。另据部分城市灰霾和臭氧污染监测试点表明，灰霾和臭氧污染已成为东部城市空气污染的突出问题。上海、广州、天津、深圳等城市的灰霾天数已占全年总天数的 30% ~ 50%。灰霾和臭氧污染不仅直接危害人体健康，而且造成大气能见度下降，看不见蓝天，使公众对大气环境不满。区域性大气污染问题日趋明显，我国长三角、珠三角和京津冀地区等城市群大气污染呈现明显的区域性特征。机动车污染问题更加突出，2008 年，我国汽车保有量超过 6400

---

① 潘玲阳、叶红、黄少鹏、李国学、张红玉：《北京市生活垃圾处理的温室气体排放变化分析》，《环境科学与技术》2010 年第 9 期。

万辆，汽车尾气排放成为大中城市空气污染的重要来源，加剧了大气污染治理的难度。环境违法成本低、守法成本高的问题仍然存在。[①]

与此同时，加快低碳城市建设，是反映城市决策者的战略意识和政治意愿，抓住低碳发展先行者的机遇，打造城市形象，吸引投资，创造就业，立足当前、着眼未来的重大战略选择。

一是提高能源安全和保障能力，增加城市吸引力。随着我国经济社会的快速发展，能源安全和稳定供应问题越发凸显出来。近年来我国能源需求增量增大，对煤炭依赖性强，"十一五"前4年平均每年新增约2亿吨标煤，不仅对保障能源安全提出了严峻挑战，而且对控制二氧化碳排放构成巨大压力。城市是能源消费和碳排放的主体，加快低碳城市建设，开发低碳或无碳能源，优化能源消费结构，可以不断提高能源安全和保障能力。面对减排压力，及早调整城市治理模式，可以让依赖传统工业的高消耗、高能耗、高污染的城市，通过传统产业结构的调整、环保监控的执行、城市居民理念的提升实现跨越式发展，提升城市竞争力，凸显城市特点，增加城市的吸引力。

二是通过绿色投资增加城市低碳就业机会。中国目前处于以资本和能源密集化为特征的工业化中后期，城市化水平与社会消费需求还在持续提升。与能源、资本密集的制造业相比，

---

① 2009年4月22日周生贤在第十一届全国人民代表大会常务委员会第八次会议上国务院关于大气污染防治工作进展情况的报告。

劳动力密集型的第一产业和第三产业总体上表现为低碳排放、高附加值的特点。针对中国农业人口多、资源匮乏的基本国情，结合社会经济各部门发展的规律，积极发展第一产业（如林业、农副产业等）和第三产业（生产型服务业和消费型服务业），不但可以吸纳更多的城乡就业人口、增加收入、刺激国内家庭部门的需求、优化产业结构、推动经济增长，而且还可以减少单位产出的碳排放水平，从而促进就业和低碳化发展的双重目标的实现。工业作为国民经济的支柱行业，担负着为社会经济发展提供物质基础的任务，在短期内不可能扭转以制造业为主的产业结构特征，需要通过高碳产业的低碳化来实现低碳发展。低碳部门往往离不开某些高碳行业的发展，向低碳就业转型也要考虑产业的协同发展。此外，绿色投资拉动就业的间接效应远大于直接效应，中国节能减排政策及太阳能、生物燃料、风电、水电等清洁能源的发展，将带来大量的就业机会。

三是创造宜居的生活环境，增加适应能力。我国工业化和城市化加速发展，大量化石能源消耗和温室气体排放，远远超出能源资源承载能力和大气本身的自净能力，引发了各种气候灾害和自然灾害。据中国气象局的统计，近20年来，中国平均每年因各种气象灾害造成的农作物受灾面积达4800多万公顷，造成人员死亡4400多人，直接经济损失达1800多亿元，受重大气象灾害影响的人口达4亿人次，造成的经济损失相当于国内生产总值的1%～3%。人们对现代科学技术的依赖越来越强，生产生活和整个城市社会紧密地联系在一起，能源、水源系统工程、各种建筑工程、交通工具、生物化学品、通信网络等被称为"城市生命线"系统，是保证城市生活正常运转最重要的基础设施。人口的集中和扩大，城市人口布局的过密，使城市的基础设施不堪重负。城市面对严酷的自然条件和脆弱的生态环境，迫切要求发展低碳经济，加快低碳城市建设，保护和改善生态环境，不断增进适应气候变化的能力。

四是打造城市品牌，增强国际竞争力的迫切要求。作为一个新鲜事物，发展低碳经济，建设低碳城市，需要政治远识，需要勇气，也需要魄力。发展低碳经济在本质上与落实科学发展观和"两型"社会建设是一致的。加快低碳城市建设，将工业文明和城市文明建立在能源技术创新基础之上，可以不断增强可持续发展能力。抓住先行者的机遇，可以为城市创造新的品牌，梳理城市形象。通过制定支持低碳发展的政策措施，加强与国际合作，顺应历史潮流，抓住发展的先机，确保其在国际竞争中的优势地位。低碳城市建设可以帮助城市在新一轮以低碳能源技术为标志的技术创新和竞争中脱颖而出，夯实低碳城市建设的技术和产业基础，不断增强综合实力和国际竞争力。

五　中国低碳城市建设的实践探索[①]

在发达国家和国际大都市积极采取行动向低碳经济转型的

[①] 参阅王国倩、庄贵阳《低碳经济的认识差异与低碳城市建设模式》，《学习与探索》2011 年第 23 期。

同时，国内城市也热情高涨，全国已有保定、上海、贵阳、杭州、德州、无锡、吉林、珠海、南昌、厦门等100多个城市提出了建设低碳城市的构想。但总体上说，国内的低碳城市实践虽然非常热，但还比较零星，代表了在理论本身还在不断完善、发展的过程中，"学中干，干中学"的"摸着石头过河"的做法：从能够看到鲜有机会的切入点着手，尝试并推出试验性的举措。因而，中国的低碳城市建设具有自发性、尝试性和零散性的特点，尚未形成统一的体系。

当前我国低碳城市建设方兴未艾，各地热情很高，表现得很积极，这是非常好的现象。我国正在谋求低碳转型，开发低碳技术，需要一个强有力的氛围。开展低碳城市建设，可以使城市的管理者、企业、居民等各个层面都了解低碳的概念，了解要采取低碳的行动，有积极的意义。但当前我国低碳城市的建设总体参差不齐，甚至可以说是张冠李戴，具有自发性、尝试性和零散性的特点，尚未形成统一的体系。有些城市确实是在做低碳的努力，有些城市则只是在喊口号，还有些城市把与低碳不相关的内容当做低碳城市规划，如把循环经济、绿色经济就视为低碳经济，忽略了其中最关键的碳排放的刚性指标。

在我国当前的城市化进程中，随着新的人口进入城市、城市基础设施的不断建设和完善，必然有碳排放的增长，但这种增长应该是低碳的。现在有些城市提出偏激的"零碳城市"的概念，忽略技术与社会现实，是不可能，也是没有必要的。当今国际上最可能实现的激进目标也只有马尔代夫提出到2020年建成"碳中性国家"，这也需要从别国购买碳排放配额，并通过植树造林获得碳汇，来抵消国内的碳排放量。在现有的社会经济和技术条件下，零碳的目标是不现实的，不能只是因为它听起来比低碳更响亮，就把这顶华丽的帽子扣在头上。

1. 局部尝试型

作为中国最大也是最重要的城市，上海很难一时做到全市范围、各个层次全面的低碳推广，但从上海市的低碳城市实践来看，它着重操作层面的有效性，即便不能全面铺开，但是从目前可以实施的部分开始尝试。上海市以世博园区建设为契机，从选址、规划，到设计、建设、运营等的全过程，始终贯彻低碳理念，从源头上减少世博会的两大排放过程：园区建设、运营以及临时场馆的拆除；游客、参展商、组委会的旅行、食宿等。世博会组委会还积极落实"碳补偿"措施，尽可能抵消世博会的额外碳排放。整个世博园区，成为上海的"低碳试验田"。世博会期间除大力推进、使用太阳能外，大量的新能源汽车也投入世博会服务，其中包括超级电容车、燃料电池车以及混合动力车。此外，世博园还专设城市最佳实践区，汇聚展示全球先进的城市低碳发展理念及实践案例，英国馆还建成了零碳馆。

2. 特色产业型

与上海相比，有一些城市则具备更明显的低碳发展优势，把低碳产业作为今后自身竞争力的来源。以保定为例，保定市借鉴美国加州硅谷的发展模式，提出了建设"中国电谷"的概念，近年来已形成光电、风电、节电、储电、输变电与电力自动化六大产业体系，同时推动新能源技术的创新与应用，构成了建设低碳城市的良好基础。2007年保定提出3年建设"太阳能之城"的目标。通过努力，现已有105个居民生活小区完成太阳能应用改造，市区101个主要路口的交通信号灯全部改造成太阳能控制。世界首座光伏发电与五星级酒店一体化建筑电谷大厦也在保定正式投入使用。"中国电谷"和"太阳能之城"享誉海内外。

3. 系统规划型

国内很多城市具有发展低碳经济的愿望，但或者被历史包袱缠身，困于高污染、高能耗、低附加值的局面，或者身处腹地，鲜有发展机会。面临这样的困局，中国有一批这样的城市，不得不尝试另辟蹊径，寻求突破瓶颈的办法。正是在这样的背景下，东北重工业老城吉林市成为国家发改委指定的第一个低碳经济案例研究试点城市，为国家政策制定积累经验和提供实践支持。2010年3月，《吉林市低碳发展路线图》① 成果正式发布。吉林市从众多产业中，找出自己已有的关键行业，明确石化行业的支柱产业地位，希望通过石化产业的拉动作用，带动整个工业体系，在实现经济发展的同时，也改善了产业结构，降低了能源强度，实现低碳转型。

4. 低碳经济试点区

中国的低碳城市建设具有自发性、尝试性和零散性的特

---

① Low Carbon Development Roadmap for Jilin City, Chatham House, Chinese Academy of Social Sciences, Energy Research Institute, Jilin University, E3G, 2010.

点，尚未形成统一的体系。2010 年 8 月，国家发改委把广东、辽宁、湖北、陕西、云南五省，以及天津、重庆、深圳、厦门、杭州、南昌、贵阳、保定八市列为低碳试点省市，要求各试点地区编制低碳发展规划、制定支持低碳绿色发展的配套政策、加快建立以低碳排放为特征的产业体系、建立温室气体排放数据统计和管理体系以及积极倡导低碳绿色生活方式和消费模式，成为将国内低碳实践体系化过程中重要的一步。低碳试点省市覆盖全国东南西北中各个地区，既有沿海经济发达地区，也有西部欠发达地区。试点省市地处不同地区，发展水平不同，各自具有不同的代表性。这说明中国的低碳城市建设正从"点"到"面"，从一个城市内部的一两个方面的尝试，逐步走向以全市、省为单位的，全方位的经济增长方式转型。

2009 年哥本哈根会议前夕，国务院常务会议作出决定，到 2020 年，我国单位 GDP 的 CO_2 排放比 2005 年下降 40% ~ 45%，作为约束性指标纳入国民经济和社会发展中长期规划，并制定相应的国内统计、监测、考核办法；会议同时决定，到 2020 年，非化石能源占一次能源消费的比重达 15% 左右；到 2020 年，森林面积比 2005 年增加 4000 万公顷，森林蓄积量增加 13 亿立方米。当前，中国的低碳经济工作，就是围绕如何实现上述目标展开。低碳城市建设，能够使国家的宏观碳指标在地方层面落实并达到"三可"的要求。

低碳城市建设的一项重要的基础性工作就是要建立、健全能源消耗和碳排放的统计、报告、评估、考核体系。巴厘岛气候会议以来，关于发展中国家国内减缓行动的可测量、可报告和可核证（简称"三可"或 MRV）问题成为国际气候谈判的焦点问题。2010 年坎昆气候会议达成的一个基本共识，就是发展中国家自主减缓行动的透明度问题。这对中国相关统计、监测、考核体系的建设提出了很高的要求。"十一五"期间，全国和各地区单位 GDP 能耗公报制度已经初步建立，但从能源强度目标转换为碳强度目标，涉及的范围更广、数据更多、难度也更大。这就要求我们必须尽快完善相关统计、监测和考核体系，加强相关能力的建设。

参考文献

潘家华、庄贵阳：《后哥本哈根时代中国低碳经济形势展望》，《中国经济前景分析——2010 年春季报告》，社会科学文献出版社，2010。

庄贵阳：《中国推进低碳城市建设的实践探索》，《中国城市发展报告 No.3》，社会科学文献出版社，2010。

王国倩、庄贵阳：《低碳经济的认识差异与低碳城市建设模式》，《学习与探索》2011 年第 2 期。

专家数据解析　权威资讯发布

社会科学文献出版社　皮书系列

　　皮书是非常珍贵实用的资讯，对社会各阶层、各行业的人士都能提供有益的帮助，适合各级党政部门决策人员、科研机构研究人员、企事业单位领导、管理工作者、媒体记者、国外驻华商社和使领事馆工作人员，以及关注中国和世界经济、社会形势的各界人士阅读使用。

　　"皮书系列"是社会科学文献出版社十多年来连续推出的大型系列图书，由一系列权威研究报告组成，在每年的岁末年初对每一年度有关中国与世界的经济、社会、文化、法治、国际形势、行业等各个领域以及各区域的现状和发展态势进行分析和预测，年出版百余种。

　　"皮书系列"的作者以中国社会科学院的专家为主，多为国内一流研究机构的一流专家，他们的看法和观点体现和反映了对中国与世界的现实和未来最高水平的解读与分析，具有不容置疑的权威性。

权威　前沿　原创

咨询电话：010-59367028　QQ:1265056568

邮　　箱：duzhe@ssap.cn　邮编：100029

邮购地址：北京市西城区北三环中路
　　　　　甲29号院3号楼华龙大厦13层
　　　　　社会科学文献出版社　读者服务中心

银行户名：社会科学文献出版社发行部

开户银行：工商银行北京东四南支行

账　　号：0200001009066109151

网　　址：www.ssap.com.cn
　　　　　www.pishu.cn

图书在版编目（CIP）数据

中国经济前景分析. 2011 年春季报告/陈佳贵，李扬主编.
—北京：社会科学文献出版社，2011.4
（经济蓝皮书春季号）
ISBN 978 - 7 - 5097 - 2283 - 1

Ⅰ.①中… Ⅱ.①陈… ②李… Ⅲ.①经济预测 - 研究
报告 - 中国 - 2011 ②经济发展趋势 - 研究报告 - 中国 -
2011 Ⅳ.①F123.2

中国版本图书馆 CIP 数据核字（2011）第 054892 号

经济蓝皮书春季号

中国经济前景分析
——2011 年春季报告

主　编／陈佳贵　李　扬
副 主 编／刘树成　汪同三

出 版 人／谢寿光
总 编 辑／邹东涛
出 版 者／社会科学文献出版社
地　　址／北京市西城区北三环中路甲 29 号院 3 号楼华龙大厦
邮政编码／100029
网　　址／http：//www. ssap. com. cn
网站支持／（010）59367077
责任部门／皮书出版中心（010）59367127
电子信箱／pishubu@ ssap. cn
项目经理／邓泳红
责任编辑／徐小玖　周映希　彭　战
责任校对／邓晓春
责任印制／董　然
品牌推广／蔡继辉

总 经 销／社会科学文献出版社发行部
　　　　　　（010）59367081　59367089
经　　销／各地书店
读者服务／读者服务中心（010）59367028
排　　版／北京中文天地文化艺术有限公司
印　　刷／北京季蜂印刷有限公司

开　　本／787mm×1092mm　1/16
印　　张／17.5　字数／184 千字
版　　次／2011 年 4 月第 1 版　印次／2011 年 4 月第 1 次印刷

书　　号／ISBN 978 - 7 - 5097 - 2283 - 1
定　　价／49.00 元

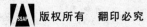

盘点年度资讯 预测时代前程

从"盘阅读"到全程在线阅读
皮书数据库完美升级

·产品更多样

　　从纸书到电子书，再到全程在线网络阅读，皮书系列产品更加多样化。2010年开始，皮书系列随书附赠产品将从原先的电子光盘改为更具价值的皮书数据库阅读卡。纸书的购买者凭借附赠的阅读卡将获得皮书数据库高价值的免费阅读服务。

·内容更丰富

　　皮书数据库以皮书系列为基础，整合国内外其他相关资讯构建而成，内容包括建社以来的700余部皮书、20000多篇文章，并且每年以120种皮书、4000篇文章的数量增加，可以为读者提供更加广泛的资讯服务。皮书数据库开创便捷的检索系统，可以实现精确查找与模糊匹配，为读者提供更加准确的资讯服务。

·流程更简便

　　登录皮书数据库网站www.i-ssdb.cn，注册、登录、充值后，即可实现下载阅读，购买本书赠送您100元充值卡。请按以下方法进行充值。

充值卡使用步骤：

第一步

· 刮开下面密码涂层
· 登录 www.i-ssdb.cn
　点击"注册"进行用户注册

第二步

登录后点击"会员中心"进入会员中心。

SSDB
社科文献资源库
SOCIAL SCIENCE
DATABASE

社会科学文献出版社　皮书系列
SOCIAL SCIENCES ACADEMIC PRESS (CHINA)

卡号：30965667554016
密码：

（本卡为图书内容的一部分，不购书刮卡，视为盗书）

第三步

· 点击"在线充值"的"充值卡充值"，
· 输入正确的"卡号"和"密码"，即可使用。

　　如果您还有疑问，可以点击网站的"使用帮助"或电话垂询010-59367071。